LA SOCIÉTÉ

Imprimerie de Gustave GRATIOT, rue de la Monnaie, 11.

LA
SOCIÉTÉ

CONSIDÉRÉE

DANS LE RAPPORT DE SES DIVERS ÉLÉMENTS

AVEC LE PROGRÈS MORAL DE L'HUMANITÉ

PAR

EUGÈNE BUISSON

Pasteur de l'Église réformée

La paix sera le fruit de la justice.

ÉSAÏE

PARIS

JOËL CHERBULIEZ, LIBRAIRE-ÉDITEUR

6, PLACE DE L'ORATOIRE

A GENÈVE, MÊME MAISON

A LEIPZIG, MICHELSEN

M. DCCC. LI

AVANT-PROPOS.

L'homme est fait pour la société.

La société est faite pour rendre les hommes plus heureux et meilleurs. Elle est le milieu nécessaire où doit s'accomplir le progrès individuel, lequel, à son tour, est l'instrument indispensable du progrès social.

Toutes les manifestations de la vie individuelle ou collective de l'humanité doivent concourir à ce double résultat.

Telles sont les vérités bien simples et malheureusement trop méconnues dont le développement forme tout le sujet de ces discours. La plupart des hommes, isolés dans le cercle étroit de leurs habitudes et de leurs préoccupations personnelles, oublient trop souvent les rapports mutuels qui les unissent et la solidarité morale qui en est la conséquence. Il importe, plus que jamais, de les leur rappeler. Puissent-ils apprendre ainsi à se connaître mieux, à se juger plus équitablement les uns les autres, et à semer ensemble, dans la paix, ces fruits de la justice, si précieux et si nécessaires à tous !

I

UNITÉ DU CORPS SOCIAL.

UNITÉ DU CORPS SOCIAL.

Il y a plusieurs membres, mais un seul corps.

(1 Cor. xii, 20.)

Tel est le résumé d'une comparaison bien connue et bien simple que saint Paul développe admirablement à l'occasion des rivalités et des divisions · qui s'étaient déjà introduites dans l'Église de Corinthe. Mais, je me hâte de le dire, c'est en vue d'une application plus large et plus universelle que je la lui ai empruntée. L'Église, telle que la dépeint l'apôtre, n'étant pas autre chose, au fond, que l'idéal divin vers lequel doit incessamment s'avancer la société humaine tout entière, c'est à celle-ci que je viens appliquer la comparaison du corps et des

1.

membres, et ce sera le point de départ d'une série de discours dont les éléments divers de la société nous fourniront successivement le sujet.

Ce sujet, déjà si intéressant par lui-même, puisqu'il touche à tout ce qu'il y a de plus grand, soit dans l'homme, soit dans l'humanité, emprunte aux circonstances des temps où nous vivons une sorte d'actualité qui le rend plus intéressant encore. Jamais les avantages ou les inconvénients des diverses conditions sociales n'avaient été l'objet d'une si vive et si universelle sollicitude. Jamais les droits réciproques de la société sur l'individu et de l'individu sur la société n'avaient excité de si vifs débats. Jamais la conciliation de ces deux droits, qui est comme la clef de l'histoire ancienne et de l'histoire moderne, n'avait si généralement préoccupé les esprits pratiques aussi bien que les esprits méditatifs. Jamais, en un mot, cette grande question, ou, comme on l'appelle aujourd'hui, ce grand problème social ne s'était proposé si nettement à l'attention de tous les hommes sérieux et, par conséquent, de tous les véritables chrétiens.

Ne craignez pas, toutefois, qu'oubliant le caractère essentiel du christianisme, je veuille le faire descendre sur cette arène brûlante où s'agitent les mondaines passions et les intérêts éphémères. La lumière divine de l'Évangile est semblable à celle du soleil qui peut traverser les milieux les plus infects sans y contracter de souillure. Si elle se mêle naturellement à toutes les questions humaines, par cela même qu'elles sont humaines, c'est pour les élever à son propre niveau en leur communiquant, au moins en quelque mesure, sa paix et sa pureté sereines. L'Évangile a donné, lui aussi, et depuis bien longtemps, au grand problème dont nous parlons, une solution bien simple que je n'ai pas la prétention de rajeunir, et qui n'en est pas moins, comme j'espère vous le montrer, la seule complète, par conséquent la seule vraie, pour tous les lieux et pour tous les temps. Elle consiste, non pas à sacrifier, comme on l'a fait trop souvent, tantôt l'individu à la société, tantôt la société à l'individu, mais à subordonner l'un et l'autre à l'avancement du règne de Dieu par ce perfectionnement de l'être moral qui est le but de la vie humaine, et dont la société n'est que le milieu nécessaire, l'instrument le plus efficace et le plus fécond.

Cette solution est résumée dans les paroles qui nous ont servi de texte. Il y a plusieurs membres, mais un seul corps; et dans celles-ci qui en sont la contre-partie : « Le corps n'est pas un seul membre, mais plusieurs. » — Voilà le droit réciproque de l'individu comme de la société parfaitement défini et sauvegardé. Unité du corps social, diversité des fonctions ou des organes qui le constituent; voilà le double fondement sur lequel doit s'élever l'édifice de tous les devoirs sociaux; voilà la double face du principe que je commencerai par établir pour vous en faire tirer, plus tard, les principales conséquences ; et comme ce sujet, ainsi restreint, serait encore trop vaste pour un seul discours, je ne le considérerai aujourd'hui que sous le premier point de vue qui est celui de l'unité ou de la solidarité sociale.

La société n'est pas une agrégation extérieure et fortuite, résultat de je ne sais quel accident ou de je ne sais quelle convention capricieuse qui seraient venus changer l'état primitif et naturel de l'humanité. Cette opinion, qui n'a été du reste, sous la plume de son célèbre auteur, qu'un paradoxe brillant, qu'un thème à des déclamations éloquentes, est depuis longtemps abandonnée, et si on en retrouve comme un écho lointain dans des opinions plus modernes, cet écho affaibli n'exerce pas plus d'influence qu'il n'a réellement de valeur. L'état de société est si peu l'opposé de l'état de nature qu'on le retrouve partout, dans tous les temps et dans tous les lieux, comme

un des traits distinctifs, comme un des caractères universels de l'humanité elle-même. La
société est un fait nécessaire, universel, inhérent à la nature humaine, par conséquent an-
térieur à toute convention et à toute loi. Elle
est le résultat d'un instinct impérieux et irrésistible que tout homme retrouve dans son
propre cœur, et dont les racines plongent,
pour ainsi dire, jusqu'aux dernières profondeurs de son être. Cet instinct est formé de
tous les sentiments qui attirent l'homme vers
ses semblables, qui le portent à mettre en commun avec eux des besoins, des dangers, des
intérêts déjà naturellement communs; à multiplier, par l'association, des forces que l'isolement réduirait à l'impuissance; à se créer, par
une solidarité mutuelle, la protection et l'appui
dont il ne peut individuellement se passer.
Le premier lien social, une fois formé, tend
naturellement à se développer toujours davantage; l'unité sociale, une fois entrevue avec

les bienfaits qui en sont le fruit, tend d'elle-même, comme tout ce qui s'organise, à devenir toujours plus réelle, c'est-à-dire à former un ensemble toujours plus régulier, un tout complet, un corps spirituel et vivant, où circulent une sève et une vie communes, et dont toutes les parties, bien coordonnées entre elles, concourent ensemble, et chacune à leur place, au bien-être général, à l'harmonieuse unité de tout le corps.

Mais il n'est pas nécessaire que la société soit arrivée à cette perfection pour que la solidarité mutuelle qui la constitue se fasse manifestement sentir et pour qu'on puisse dire d'elle, comme du corps qui est son image : « Quand un membre souffre, tous les autres souffrent avec lui ; les membres ne peuvent se passer les uns des autres. L'œil ne peut pas dire à la main, je n'ai pas besoin de toi, ni la tête aux pieds, je n'ai pas besoin de vous. Mais les membres qui paraissent les plus faibles et qui sont les moins honorés sont souvent les plus nécessaires; ils doivent donc avoir un soin mutuel les uns des autres, et tous ensemble rendre ainsi au corps une portion de la force, de l'honneur et de la vie qu'ils en reçoivent. »

L'homme, en effet, dépend d'une manière presque absolue du milieu social dans lequel il vit. Cette dépendance est évidente en tout ce qui concerne son existence matérielle. Il n'est pas un de ses besoins à la satisfaction duquel n'aient concouru toutes les forces sociales. Il n'est pas un morceau du pain dont il se nourrit, il n'est pas une pièce du vêtement dont il se couvre, il n'est pas un des progrès de son bien-être matériel qui ne soit, en définitive, un produit des sueurs réunies de tous ses semblables, un résultat du travail accumulé de toutes les générations. Tous les instruments, tous les matériaux, tous les fruits de son propre travail, toutes les jouissances qu'il goûte et toute la sécurité qui les lui rend précieuses, tout, sans exception, lui vient de cette protection sociale qui l'a entouré dès le berceau, et qui l'accompagnera jusqu'à la tombe. Il y a plus; à ces bienfaits matériels de la société, il faut ajouter ceux qui se rapportent plus directement au développement de la vie spirituelle et morale. Les plus hautes facultés de l'intelligence, les plus chères affections du cœur, les plus saintes aspirations de la conscience, tout ce qui, dans l'homme, constitue la ressemblance divine du Père céleste, tout cela lui vient de Dieu, sans doute, comme un pur don de son amour; mais tout cela, remarquez-le bien, n'est d'abord qu'un germe vivant, déposé dans les profondeurs de l'âme, qui a besoin pour éclore, pour grandir et pour mûrir, du milieu social où Dieu a marqué sa place, comme les semences de la plante confiées aux entrailles du sol ont besoin, pour se développer, des émanations fécondes de l'atmosphère et des rayons vivifiants du soleil. L'esprit ne vit réellement que dans

le contact fécond des esprits, que par la circulation spirituelle qui s'établit, pour ainsi parler,
des uns aux autres; et, sous ce rapport encore,
chacun de nous peut se dire littéralement : il
n'est pas un travail des générations, il n'est
pas une des découvertes de la science universelle, il n'est pas une des conquêtes de l'esprit
humain à travers les siècles du temps et les
espaces de l'immensité, il n'est pas un des sentiments généreux qui ont fait battre des cœurs
semblables au mien, il n'est pas, en un mot,
une vie d'homme parmi toutes celles qui ont
précédé la mienne, dont je ne recueille l'héritage et dont je ne savoure le fruit.

Oui, c'est à la société, après Dieu, que nous
devons tout ce que nous sommes, tout ce qui
nous assure, avec l'empire de l'univers matériel, la possession et la jouissance de nous-
mêmes, tout ce qui nous rend vraiment hommes. Pour apprécier tous les bienfaits dont nous
lui sommes redevables, il faudrait remonter

bien au-delà des conquêtes de la science moderne, bien au-delà des derniers progrès de la civilisation, bien au-delà même de ces sociétés primitives, contemporaines de l'enfance du genre humain ; il faudrait remonter, ou plutôt redescendre jusqu'à ces êtres dégradés que des accidents inconnus ont jetés sur quelques plages lointaines et désolées, où l'œil même les distingue à peine de la brute qui les habite avec eux.

Il ne faut donc pas s'étonner que les révolutions et les transformations sociales occupent une si grande place dans l'histoire de l'humanité puisqu'elles sont le principal moyen du développement de l'humanité elle-même. Il ne faut pas s'étonner non plus que, dans ce vaste drame qui embrasse tous les siècles du passé et de l'avenir de notre race, le sort des individus paraisse emporté et comme absorbé dans celui de l'espèce, puisqu'en définitive c'est la destinée de l'espèce ou des sociétés qui la re-

présentent qui détermine celle des individus.
Cette subordination des individus est, au contraire, le fondement même sur lequel la société
est assise. Ce fondement, c'est le devoir, le
devoir de chacun envers tous, et de tous envers
chacun. Ce qu'on appelle le droit n'en est que
le corollaire, et on intervertit bien dangereuse-
ment l'ordre naturel de ces deux idées quand
on place le droit avant le devoir. Aussi l'histoire, qui ne procède pas comme les systèmes,
parce qu'elle est le développement naturel des
réalités, nous montre-t-elle, à l'origine de toutes
les sociétés primitives, une idée de devoir,
d'obligation, de religion, qui leur a servi de
centre, et autour de laquelle sont venues se
ranger successivement toutes les institutions.
Cette idée, d'abord incomplète et confuse, s'est
manifestée et, pour ainsi dire, incarnée, tantôt
d'une manière et tantôt d'une autre; ici dans
un temple, là dans un homme, ailleurs dans
une enceinte fortifiée; l'unité qu'elle produisait

a pu être grossière, disproportionnée, violente même et oppressive, comme il arrive dans le premier développement de tous les corps organisés, où la prédominance de la tête et du centre sur les membres est d'autant plus grande que le corps lui-même s'est arrêté à une moindre perfection. Mais elle n'en a pas moins été proclamée, et, avec elle, la nécessité, la sainteté des liens, c'est-à-dire des obligations et des devoirs qui lui servaient de fondement. Elle n'en a pas moins atteint son but et produit son résultat naturel qui est la réalisation d'un progrès. Puis, par une conséquence nécessaire de ce progrès même, après des commotions nombreuses qui, dans le monde moral comme dans le monde physique, semblent devoir être l'épreuve indispensable par où se prépare l'accomplissement de l'ordre, ces unités factices et rudimentaires ont fait place à une meilleure unité, de plus en plus réelle et de plus en plus large, qui a étendu, sans les dénouer, les liens de la solidarité entre les hommes ; et enfin, les temps étant révolus, l'Évangile est venu nous proposer l'unité divine et complète qui doit faire de l'humanité entière un seul corps animé et vivifié par l'esprit de Dieu. « Père, qu'ils soient un comme nous sommes un ! que la paix de Dieu, qui vous a été donnée pour ne faire qu'un seul corps, règne dans vos cœurs ! » — Voilà l'unité spirituelle dont l'idéal, jamais dépassé ni même atteint, mais entrevu désormais à découvert, doit servir de but suprême à nos espérances, comme il doit suffire à tous les développements de l'être moral pendant toute la durée du temps et toute celle de l'éternité !

La première et la plus indispensable condition du progrès est donc dans l'accord de tous à marcher vers cet idéal, à suivre cette tendance, à réaliser, autant qu'il est en eux, cette harmonie intérieure. — Le mal est, au contraire, dans tout ce qui lui fait obstacle, c'est-à-dire dans tout ce qui désunit et divise les hommes. Le mal est dans toutes ces passions égoïstes qui arment les individus les uns contre les autres, et constituent comme une sorte de guerre permanente des membres contre le corps ; guerre insensée dont, tout le monde souffre et dont personne ne profite ; guerre impie qui renverse l'ordre naturel et le plan providentiel de Dieu ; guerre mortelle, enfin, qui anéantirait l'humanité elle-même, si Dieu ne lui avait dit, comme à la mer : « Tu iras jusque-là et pas plus loin ; » mais qui a souvent anéanti les sociétés particulières appelées nations, lesquelles sont à leur tour comme les membres dont se compose le grand corps de l'humanité. — Les leçons de l'expérience sont décisives à cet égard. Le débordement des passions égoïstes, dans une société, est toujours le signe et la cause d'une inévitable ruine. Tant qu'elles se renferment dans certaines limites et peuvent n'être considérées

que comme des exceptions, la santé générale
n'en est pas gravement atteinte, non plus que
celle du corps par le malaise accidentel de
quelques membres. Mais lorsque cette gangrène
de l'égoïsme a tout envahi, lorsque le lien social se relâche et se rompt de toutes parts,
lorsque la coupe de la corruption est pleine et
que les dix justes ne se trouvent plus dans So-
dome, alors les passions déchaînées viennent
elles-mêmes, à défaut des fléaux du ciel, exécuter la sentence prononcée contre les nations
où ne règne pas la justice. Les débris de cette
société en dissolution gisent bientôt épars et
désorganisés sur le sol, jusqu'à ce que l'esprit
créateur, soufflant de nouveau sur eux, recon-
struise, sur d'autres fondements, cette harmonie
précieuse, cette merveilleuse unité des membres et du corps qui, dans l'ordre moral comme
dans l'ordre matériel, est la première condition
de la santé, de la force, du progrès, et, en un
seul mot, de la vie.

Vous le voyez ; si la société doit fournir aux individus dont elle se compose le milieu nécessaire au développement de leur vie morale, celle-ci, à son tour, est la condition indispensable, l'instrument nécessaire de tout le progrès social, et ce double progrès, tour à tour effet et cause, constitue l'ensemble de la destinée humaine sur la terre. La question se résout donc, en définitive, d'un côté comme de l'autre, dans une question morale, dans une question de devoir. Et le premier devoir des membres de la société, celui qui leur est commun à tous, quelle que soit leur position relative, c'est de ne rien faire qui puisse altérer la bonne harmonie du corps, mais, au contraire, de travailler, chacun pour leur part et de toutes leurs forces, à la maintenir.

Ce devoir, qui dans sa généralité ne sera contesté par personne, a une étendue et une portée bien plus grandes qu'on ne se l'imagine d'ordinaire. — Il s'applique d'abord aux fonctions spéciales que chaque membre est appelé à remplir, selon sa position relative dans le corps, et par lesquelles il doit concourir à l'harmonie générale. Je me propose de considérer successivement, sous ce point de vue, parmi ces diverses fonctions, celles qui sont à la fois les plus importantes et les plus communes. — Il embrasse ensuite dans le domaine de la vie publique l'obéissance aux lois positives, l'esprit public, le patriotisme, le respect et le zèle pour les institutions religieuses, en un mot, tous les sentiments généraux qui alimentent la vie sociale et dont nous parlerons aussi en leur lieu. — Mais ce qu'on oublie trop souvent, et sur quoi il importe d'insister ici comme étant la conséquence directe du principe établi dans ce premier discours, c'est que les devoirs sociaux proprement dits tiennent, par leurs racines, à tous les autres, et qu'ils s'étendent, en réalité, aussi loin que la conscience elle-même. — Ils s'étendent à ce sanc-

tuaire de la famille où se développent la liberté
et l'individualité humaines. — Car si les lois
positives se bornent à le protéger de loin sans
en dépasser le seuil, la société n'en est pas
moins profondément intéressée à tout ce qui s'y
passe de bien ou de mal. Elle n'en est pas
moins profondément intéressée à ce que l'union
conjugale soit respectée par les époux, et traitée par eux avec le sérieux qu'elle mérite ; à
ce que les enfants soient élevés dans des habitudes d'ordre, de respect, de soumission, de
travail, au lieu de grandir dans l'irrévérence,
dans l'indiscipline et dans la paresse ; à ce que,
enfin, il ne sorte de cette pépinière humaine
que des plantes saines et vigoureuses, propres
à porter de bons fruits. — Ils s'étendent même
à ce qu'il y a de plus individuel dans le domaine de la conscience, car il n'est pas un sentiment du cœur, ni un mouvement de l'âme
où le grand intérêt de la société soit absolument hors de cause. Sans parler de ces passions

fougueuses dont la vaste ambition devient si facilement perturbatrice de l'ordre social comme du bonheur individuel ; sans parler de ces passions corrompues, qui ne craignent pas, pour se satisfaire, de porter le déshonneur et le désespoir dans une âme, dans une vie, dans une famille, et d'inoculer ainsi, dans toutes les veines du corps social, la mortelle contagion des mauvaises mœurs ; sans parler, dis-je, de celles-là, il n'en est pas une, même parmi les plus inoffensives en apparence et les plus généralement excusées, qui n'exerce sur l'ordre social tout entier une incontestable influence. Croyez-vous, par exemple, qu'il soit sans influence sur l'ordre social cet amour du plaisir et du bien-être, déjà si puissant sur notre nature, quand il reçoit de tous côtés l'encouragement de l'exemple, quand il envahit, de proche en proche, toutes les classes et tous les âges, quand il amollit et énerve les âmes jusqu'à leur rendre toute obligation importune et tout devoir fastidieux? — Croyez-vous qu'elle soit sans influence sur l'ordre social cette passion factice de l'argent, qui, après avoir commencé, je le veux, par une ambition modérée et légitime, ne tarde pas à s'emparer de toutes les avenues de l'âme, à s'y établir en maître, à se faire l'objet secret ou avoué de tous les vœux, le centre de toutes les pensées, le mobile de toutes les actions, et à devenir ainsi, suivant l'expression énergiquement exacte de l'Évangile, le véritable Dieu de ce monde? — Croyez-vous qu'elle soit sans influence sur l'ordre social cette passion frivole de la vanité qui, se parant aussi des dehors d'une émulation honorable, s'insinue peu à peu dans les cœurs dont elle dessèche la sève, dont elle exalte sans mesure l'égoïsme naturel aux dépens de tous les sentiments désintéressés, et où elle ne tarde pas à se montrer à découvert, avec son cortége ordinaire de rivalités jalouses, toutes pleines d'envie, de haine et de fiel?

Mais à quoi bon multiplier les exemples? Qui ne voit que tout se tient, que tout est lié dans le monde des esprits comme dans celui des corps, et que la solidarité entre les hommes consiste précisément dans l'influence spirituelle qu'ils exercent, même à leur insu, les uns sur les autres? Qui ne voit que la loi morale, diverse dans ses manifestations, est une dans son principe, et qu'en rayonnant de la conscience à la société elle ne fait que se revêtir d'une plus visible et plus éclatante sanction? Qui ne voit, par conséquent, que la moralité des membres doit avoir, en mal comme en bien, son contre-coup nécessaire dans tout le corps? — Oui, ce que j'ai dit de la volupté, de la cupidité, de la vanité, on peut le dire de toutes les passions et de toutes les convoitises mauvaises. Il n'en est pas une dont les funestes résultats, franchissant les limites de ce qu'on appelle la vie privée, ne se fassent tristement sentir dans la vie publique. Il n'est pas un vice si obscur,

j'ai presque dit, il n'est pas un mauvais sentiment caché dans les replis du cœur, qui ne
se produise, au dehors, par des fruits analogues à sa racine empoisonnée ; et si on pouvait les suivre, autrement que par la pensée,
dans leur mystérieuse mais rapide contagion,
je vous les montrerais tous, depuis le premier
jusqu'au dernier, depuis le plus grand jusqu'au
plus petit, sapant, à petit bruit, l'édifice social
dont il détache, d'heure en heure, quelque
pierre, rongeant, l'un après l'autre, tous les
liens sociaux, l'esprit de famille, l'esprit public, l'esprit de sympathie, l'esprit religieux,
et grossissant ainsi dans l'ombre « ce trésor de
colère » qui éclate, quand il est plein, comme
une tempête au souffle de laquelle sont boule-
versées et balayées les nations.

Reconnaissons-la donc cette solidarité redoutable, puisqu'aussi bien il ne servirait à
rien de la nier. Reconnaissons-la pour y voir,
d'abord, la sanction la plus éclatante de la loi

morale qui a été gravée dans nos cœurs et qui doit régler toute notre vie. Reconnaissons-la ensuite pour nous humilier en nous appliquant à nous-mêmes la part légitime qui nous en revient. Dans tous les temps, les hommes ont fait entendre comme une longue et universelle plainte sur les misères et les vices de la société au milieu de laquelle ils vivaient. Cette plainte, répétée à travers les siècles de l'histoire, est arrivée jusqu'à nous et se répète encore aujourd'hui. Je n'ai pas à examiner jusqu'à quel point elle est fondée ; mais voici ce que je dis : Les misères et les vices de la société ne sont, après tout, que les vices et les misères des individus qui la composent, et, puisque nous sommes tous membres de ce grand corps, il est évident que nous avons tous, du plus au moins, notre part à prendre dans ces reproches. Or, qui songe seulement à se faire, consciencieusement, cette part ? — Nous voudrions tous le bonheur, sans doute, et, par suite, le bon ordre dans la société, puisque c'est par elle que nous vivons. Mais nous voudrions cela sans peine ni efforts de notre part, comme nous voudrions souvent la fin sans les moyens, quand ces moyens nous sont coûteux ou pénibles, la santé sans la tempérance, la richesse sans le travail, le salut même sans la sanctification. Or, il n'en va pas ainsi. A chaque fin correspondent des moyens qui lui sont indispensables, et la sagesse du monde parle, à cet égard, comme la sagesse de Dieu. Le progrès social exige absolument le concours de tous les efforts individuels vers cette fin qui leur est commune. Que personne donc ne se récuse et ne dise : Cela ne me regarde pas. Que personne ne jette la pierre à la société, c'est-à-dire à ses semblables, en s'estimant soi-même hors de cause dans les erreurs ou dans les vices dont il se plaint. Mais plutôt que chacun se frappe la poitrine, et se demande, la main sur la conscience, s'il n'a pas, lui aussi, contribué au mal général, et jusqu'à quel point il peut en être responsable. Qu'il se demande, en pensant à l'ambition, à la vanité, à la cupidité, à l'égoïsme dont la société est dévorée, si lui-même n'a rien gardé de cet interdit entre les mains, et qu'il commence enfin la réforme générale par celle de son propre cœur.

Mais, après avoir reconnu la solidarité humaine en ce qu'elle a de redoutable, reconnaissons-la aussi en ce qu'elle a de consolant. Je ne parle pas de l'appui qu'elle fournit à notre commune faiblesse, mais de l'action salutaire qu'elle nous permet d'exercer les uns sur les autres. Car cette action mutuelle peut être, grâce à Dieu, aussi féconde pour le bien qu'elle l'est trop souvent pour le mal. L'histoire nous en fournit des exemples non moins glorieux que consolants, entre autres, et par-dessus tous, celui de ces pauvres Galiléens qui, par la seule puissance de leur dévouement et de leur foi, arrêtèrent la dissolution de l'an-

cien monde, et ouvrirent, à l'humanité régénérée, l'ère d'un progrès qui dure encore,
quoi qu'on ait pu dire, après dix-huit cents ans.
Et ne croyez pas que cet admirable exemple
ne soit qu'un fait anormal et exceptionnel ;
car, s'il est divin dans son origine, il n'en est
pas moins profondément humain dans ses résultats. Il y a, dans le spectacle de la justice,
de l'intégrité, de la pureté des mœurs, de la
charité désintéressée et dévouée, une vertu
mystérieuse et toute divine qui se fait naturellement sentir aux âmes les plus dégradées, combien plus à celles qui ne sont que faibles ! Cette
vertu est si puissante, elle est d'un tel poids
aux yeux de Dieu même, que la Bible, dans
un de ses plus admirables récits, nous montre
ce Dieu tout prêt à pardonner à une ville abo-
minable, pourvu qu'il s'y trouve seulement dix
justes. — Et pourquoi, Seigneur, cette tou-
chante condescendance à la charitable impor-
tunité du patriarche? Sans doute c'est pour ne

pas envelopper dans un même châtiment l'innocent avec le coupable. — Sans doute, encore, c'est pour honorer la fidélité dans le petit nombre de ceux qui sont demeurés fidèles ; — mais n'est-ce pas aussi pour nous montrer qu'une société n'est jamais désespérée tant qu'il s'y trouve quelques justes, tant que le sel de la terre n'a pas été affadi, ni la lumière de la vérité tout à fait éteinte? — Oui, il est ainsi véritablement, et, en ce sens, nous sommes tous appelés, comme les apôtres, à devenir le sel de la terre, à faire luire, dans le monde, la lumière de nos bonnes œuvres. Il ne s'agit pas même de les montrer. Il s'agit de les faire, simplement, humblement, en laissant à Dieu, qui ne permet pas qu'aucune bonne semence soit perdue, le soin de recueillir et de faire fructifier celle-là. Heureux celui qui comprend et pratique cet humble devoir! Celui qui, non-seulement ne donne point de scandale à ses frères, mais les édifie par de bons exemples!

Il fera glorifier le Père céleste dant il avancera le règne, et cette pure lumière qu'il a répandue lui reviendra toute chargée de lumières nouvelles et de nouvelles bénédictions!

II

LA DIVERSITÉ DES FONCTIONS.

LA DIVERSITÉ DES FONCTIONS.

Le corps n'est pas un seul membre, mais plusieurs. Si le pied disait : Parce que je ne suis pas la main, je ne suis pas du corps, ne serait-il pourtant pas du corps ? Et si l'oreille disait : Parce que je ne suis pas l'œil, je ne suis pas du corps, ne serait-elle pourtant pas du corps ? Si tout le corps était œil, où serait l'ouïe ? S'il était tout ouïe, où serait l'odorat ? Mais Dieu a mis les membres et chacun d'eux dans le corps comme il lui a plu.

(1 Cor. xii, 14-18.)

Nous avons établi, dans un précédent discours, que l'essence et la perfection de la société consistaient dans l'unité du corps social, c'est-à-dire dans l'harmonie qui unit entre eux les membres divers dont il se compose, en les faisant tous concourir à l'entretien et à l'accroissement de la vie qui leur est commune. De ce principe, reconnu par le plus simple bon sens, confirmé par le témoignage universel de l'expérience et de l'histoire, nous avons tiré cette conséquence non moins évidente : Que le premier devoir de chaque membre envers le corps, c'est-à-dire envers la société dont il fait partie, était, non-seulement de ne porter aucune atteinte au lien social, mais, au contraire, de travailler, autant qu'il dépend de lui, à le rendre meilleur et plus parfait. En d'autres termes, nous avons montré que si le progrès social était nécessaire, dans les vues de la Providence, au progrès individuel, celui-ci, par une réaction non moins nécessaire, était, à son tour, l'instrument indispensable de tout le progrès social.

Toute vérité a deux faces; c'est pourquoi elle reste incomplète tant qu'on ne la considère que d'un seul côté. Si la diversité des membres exige et suppose l'unité du corps, celle-ci, à

son tour, exige et suppose, non moins rigoureusement, la diversité des membres. Saint
Paul n'avait garde de l'oublier, et dans le développement de sa comparaison, il en présente
le principe sous sa double face qui est l'unité
dans la diversité, la diversité dans l'unité. —
Il y a plusieurs membres, mais un seul corps :
voilà l'unité dans la diversité. — Le corps n'est
pas un seul membre, mais plusieurs : voilà la
diversité dans l'unité. — Considérons, nous
aussi, cette nouvelle face du même principe. —
Elle n'est pas moins importante que la première, ni moins féconde en précieuses applications.

Puisque l'unité ou l'harmonie est le fondement même et l'essence de la société, nous
avons eu raison de dire, et l'expérience le
proclame comme nous, que l'égoïsme en est
le plus grand ennemi, car il est la source de
toutes les discordances. Mais, sous prétexte de
mettre un frein à la concurrence des égoïsmes,

il ne faudrait pas, par une erreur non moins
grave dans le sens inverse, réduire la société
à un mécanisme plus ou moins ingénieux, dont
un sens moteur ferait tourner tous les rouages,
ou à je ne sais quelle masse inerte et confuse
dans laquelle les individus se trouveraient ab-
sorbés, sans autre destination que celle d'exécuter en commun, sous une impulsion qui leur
viendrait on ne sait d'où, une tâche toute ma-
chinale. Ce serait la destruction de toute individualité, par cela même de toute vie, et la
société, bien loin de profiter d'un tel sacrifice,
y périrait elle-même. Autre chose est, en effet,
une masse inerte, autre chose un tout harmonieux et vivant, où la variété même est la condition indispensable de l'harmonie. Le coup
d'œil le plus superficiel jeté sur la nature suffit
pleinement pour s'en convaincre. Quelle prodigieuse variété dans les détails! quelle diversité infinie dans les formes, dans les sons, dans
les couleurs, dans les proportions des corps,

dans la conformation des êtres! Il n'y a pas deux arbres dans une forêt, il n'y a pas deux feuilles dans le même arbre, il n'y a pas deux fleurs sur la même tige, il n'y a pas deux insectes dans la même espèce, il n'y a pas, en un mot, deux objets, dans la nature, dont on puisse dire qu'ils sont égaux et identiques l'un à l'autre. Et pourtant, de cette infinie variété des éléments résulte la merveilleuse unité de l'ensemble. Ce qui est incontestablement vrai du monde matériel, combien plus ne le sera-t-il pas du monde moral, c'est-à-dire de la société humaine qui n'est qu'une réunion de créatures intelligentes et vivantes! « Si tout le corps était œil, où serait l'ouïe? » Si l'individu était absorbé dans le tout, que deviendrait la société? Qui ne voit que le principe et le mobile de tous les progrès se trouvent précisément dans l'expansion bien dirigée de toutes les forces individuelles? Qui ne voit que l'association du travail, par exemple, consiste précisément dans sa division, c'est-à-dire dans la diversité des fonctions attribuées à chacun, et que, sans cette division nécessaire, tout le travail social, par conséquent la société elle-même, par conséquent l'humanité tout entière, seraient restés dans une éternelle enfance, pour ne pas dire dans un éternel avortement?

On a de la peine à comprendre qu'un principe si simple et si resplendissant d'évidence ait jamais pu être sérieusement contesté ou méconnu. Aussi ne peut-il l'être longtemps, et seulement par une aberration momentanée de l'esprit systématique dont le bon sens universel ne tarde pas à faire pleine justice. C'est pourquoi il serait superflu de chercher à l'établir plus longuement, et il reste surabondamment démontré que l'unité sociale, l'unité réelle et vivante consiste essentiellement dans la direction bien ordonnée de toutes les forces et de toutes les volontés, laquelle implique nécessairement la diversité de ces volontés et de ces forces en même temps que la diversité des fonctions qui leur sont attribuées.

Mais si le principe, en lui-même, est à l'abri de toute objection tant soit peu sérieuse, il n'en est pas de même de ses conséquences, ou plutôt d'une de ses conséquences naturelles. Je veux parler de l'inégalité des conditions ou des avantages extérieurs attachés à ces diverses fonctions. Pourquoi, dit-on, cette inégalité au moins apparente? Pourquoi ces différences de bien-être, de fortune, d'honneur, attachées à des fonctions également nécessaires? — Cette objection, soit qu'elle s'avoue ouvertement, soit qu'elle se cache dans le secret des cœurs, n'en est pas moins, depuis l'origine du monde, la cause ou le prétexte de tous les reproches adressés à la société quand ce n'est pas à la Providence, la racine de tous les mécontentements, de toutes les ambitions, de toutes les jalousies, on pourrait presque dire de toutes les passions mauvaises qui rongent le corps social. Comme elle embarrasserait notre marche si nous la laissions derrière nous, je l'aborderai ici franchement, dans cet esprit de paix et de fraternelle charité dont l'Évangile nous a donné l'exemple avec le précepte.

Je pourrais d'abord me prévaloir de la nécessité même que personne ne peut raisonnablement contester. Quand les inégalités dont il s'agit seraient aussi réelles et aussi profondes qu'on le suppose, puisqu'elles résultent de la diversité des fonctions, laquelle, à son tour, est indissolublement liée à l'unité, au progrès, à la vie du corps social, la sagesse dit qu'il faudrait les accepter comme une imperfection, ou, si l'on veut, comme un moindre mal, et pour éviter des maux plus grands, c'est-à-dire la dissolution et la ruine même de la société. — Qu'arriverait-il, en effet, si on ne faisait pas cela? Qu'arriverait-il si la considération exclusive des avantages particuliers attachés à telle ou telle position devenait comme une pâture

permanente incessamment offerte à la convoitise, à la jalousie, à la rivalité de tous? Il est
facile de le prévoir et nous l'avons clairement
montré dans notre premier discours. — On a
beau couvrir l'égoïsme des prétextes les plus
honorables, il n'en est pas moins le dissolvant
le plus actif de la vie sociale ; on a beau réha-
biliter la chair et la matière, il n'en sortira
jamais que la corruption ; l'expérience en a
été faite mille fois et toujours avec le même résultat. Depuis les extrémités de la vieille Asie
jusqu'à celles de l'Europe moderne, depuis les
temps de Ninive, de Jérusalem et de Rome jusqu'à notre temps, partout et toujours cette
lutte ardente des convoitises rivales qui se
disputent la possession du pouvoir, des plaisirs
et de la fortune, a été mortelle au bonheur
général, par conséquent aussi au bonheur individuel ; partout et toujours elle a été le pré-
curseur infaillible des fléaux de Dieu et des
catastrophes sociales. Il en sera ainsi toujours

et partout. Ne croyez pas que nos lumières, nos sciences, notre industrie et toute cette civilisation dont nous sommes si fiers, puissent nous mettre à l'abri d'un pareil malheur. Ne dites pas que les fléaux de Dieu sont désormais soumis à nos lois. Ne dites pas que sur notre terre mieux connue il n'existe plus de barbares. Les fléaux de Dieu sont tout près des vices qui appellent sa justice, et les barbares sont partout où l'homme ne reconnaît d'autre règle que celle de ses convoitises ou de son orgueil.

Cet argument, tiré de la nécessité et de l'intérêt commun, est certainement irréfutable, et il n'est personne qui n'en sente intérieurement toute la force. Cependant il n'apaise ni les convoitises ni les murmures, et il ne répond pas à l'objection en ce qu'elle a de plus personnel; car, ce qui nous tient le plus au cœur, ce n'est pas tant l'inégalité en général que celle dont nous croyons avoir à souffrir, celle qui nous a fait une position inférieure à nos désirs où à ce

que nous appelons notre mérite. C'est pourquoi
il faut pénétrer plus avant dans le fond même
de la question.

Il est vrai que si on considère les avantages
extérieurs attachés à telle ou telle fonction, de
notables différences existent sous ce rapport
entre les hommes, et je ne conteste pas qu'elles
ne puissent exercer une influence réelle sur le
bonheur. J'accorde même volontiers que le
progrès social consiste à les diminuer en ce
qu'elles peuvent avoir d'excessif, et je désire,
de toute mon àme, pour tous mes semblables,
sans exception, une part toujours plus large
des jouissances et des avantages qui sont en
harmonie avec la dignité humaine, c'est-à-dire
qui ne dégradent pas et ne matérialisent pas
les âmes.

Mais je dis, premièrement, que ce progrès
doit s'accomplir par le développement régulier,
pacifique, harmonieux de la vie sociale elle-
même, et qu'il s'arrête, au contraire, comme

nous venons de le voir par l'excitation et la rivalité des convoitises individuelles.

Je dis, en second lieu, que ce progrès, tout légitime et désirable qu'il puisse être, n'est pourtant pas, comme on se l'imagine trop souvent, le but essentiel de la société ni de la vie ; je dis que le vrai bien, le bonheur suprême ne sont pas, quoiqu'on en puisse dire, attachés à la possession de ces avantages accidentels, ni même, le plus souvent, en proportion avec eux. Pour mieux nous en convaincre, examinons de plus près en quoi consistent ces inégalités, objet de tant de murmures.

Elles peuvent se réduire à deux principales, auxquelles toutes les autres aboutissent : inégalité de bien-être, inégalité d'honneur.

J'appelle bien-être l'ensemble des jouissances légitimes qui correspondent à des besoins réels, et dont on peut dire qu'elles sont nécessaires à la plénitude de l'existence. Je reconnais, encore une fois, que tout homme peut et doit travailler à y parvenir sous la protection sociale qui doit être acquise à tous. Mais n'est-il pas vrai que les besoins réels de tout homme sont bien plus bornés qu'on ne l'imagine, et, par conséquent, les conditions de son bien-être plus faciles à obtenir? N'est-il pas vrai, qu'à quelques exceptions près, auxquelles la société doit pourvoir, comme, par exemple, aux besoins des membres infirmes, il n'est pas de profession si humble ni de fonction si obscure, où ces conditions ne puissent encore être remplies? N'est-il pas vrai que la capacité de jouir ne croît pas avec la faculté de se satisfaire, et que, par conséquent, tout ce qui va au delà des besoins réels est littéralement superflu, c'est-à-dire inutile au vrai bonheur quand il ne lui est pas nuisible? N'est-il pas vrai, comme l'a dit un ancien poëte, qu'il importe peu, quand on n'a besoin que d'un verre d'eau, de le puiser dans un fleuve plutôt que dans une fontaine? N'est-il pas vrai, enfin, que l'excès en tout genre, ou même seulement l'habitude et la continuité des jouissances, conduisent inévitablement celui qui s'y livre à la satiété, au dégoût, à l'ennui, plutôt qu'au bonheur, tandis que, au contraire, la paix, la sérénité, le contentement, sont le partage ordinaire de la modération et de la médiocrité?

Les avantages de fortune ou de position qui distinguent les conditions diverses se réduisent donc, en définitive, à bien peu de chose pour celui qui ne les rapporte qu'à son bien-être personnel, car il se trouve placé dans cette singulière alternative, ou de n'en pouvoir jouir par l'usage, ou de se les rendre funestes par l'abus ; encore pourrais-je ajouter qu'il ne peut même en abuser sans les répandre et sans sortir, par cela même, bon gré mal gré, de son étroite personnalité. Aussi n'est-ce pas seulement ni surtout en vue du bien-être et des jouissances matérielles, que la plupart des hommes sont avides et jaloux des distinctions sociales ;

c'est bien plutôt en vue de la distinction même et de l'honneur qu'ils y attachent. Et quoique chacun sente, à première vue, tout ce qu'il y a d'injuste et de faux dans l'application qu'on se fait de cette idée d'honneur, puisque les membres les moins honorés dans l'opinion sont presque toujours les plus nécessaires, puisque l'honneur véritable est, évidemment, inhérent à la personne et non à la position, cependant tout le monde s'y laisse prendre, et peut-être est-ce de toutes les passions humaines celle dont il est le plus difficile de s'affranchir.

L'homme ne se contente pas de vivre, il veut vivre le plus possible. Voilà pourquoi il recherche avidement les jouissances immodérées qui lui semblent une extension et un accroissement de son existence. Bientôt déçu dans son espoir par l'impuissance de son corps et de ses sens à sortir de leurs limites naturelles, il se tourne d'un autre côté et cher-

che, dans l'opinion de ses semblables, ce sup-
plément de vie qu'il ne trouve pas en lui-même.
Tout ce qui le grandit dans cette opinion lui
semble un réel agrandissement, et ce sentiment
naturel, nécessaire, peut-être, comme point
d'appui à notre faiblesse, comme stimulant à
notre activité, contribue sans doute, dans une
certaine mesure, au progrès général non moins
qu'au progrès individuel. Mais bientôt faussé
dans sa direction, il ne tarde pas, si l'on n'y
prend garde, à produire plus de mal que de
bien en communiquant à toutes les convoitises
une intensité qu'elles n'avaient point par elles-
mêmes. L'opinion, ne pouvant juger que des
choses qui se voient, prend facilement pour
la réalité de la grandeur tout ce qui en a l'apparence, la fortune, le pouvoir, la gloire. De
là une convoitise ardente pour toutes ces choses, et l'importance exagérée qu'on attache à
leur possession. De là, surtout, ce je ne sais
quoi d'insatiable qui caractérise les passions

de cette nature, et qui suffirait pour les rendre incompatibles avec le bonheur. Aussi les promesses de la vanité ne sont-elles pas moins trompeuses que celles qui se rapportent aux jouissances des sens, et au bien-être matériel. Sans parler de tout ce qu'il en coûte de fatigues, de sacrifices, d'indépendance, de dignité pour satisfaire cette passion factice la plus exigeante et la plus ombrageuse de toutes, sans parler des mécomptes, des humiliations, des amertumes de toute espèce qu'elle rencontre inévitablement sur son chemin, qui ne voit combien sont illusoires, quand on y regarde de près, toutes ces distinctions sociales et tous ces honneurs mondains dont elle se fait une pâture? L'homme a beau vouloir sortir ainsi de lui-même pour échapper au sentiment de sa faiblesse et de son néant. Il a beau vouloir se créer, dans l'opinion de ses semblables, une sorte de vie empruntée par le rayonnement de quelques avantages extérieurs qui ne tiennent pas à son propre fonds. Le petit cercle dont il croit se faire le centre ne s'étendra jamais bien loin, et ce qu'il croira ajouter ainsi à son bonheur ne sera jamais, quoi qu'il fasse, qu'une illusion de perspective et une déception de son imagination. Le monde n'est pas aussi dupe qu'il semble l'être des apparences. S'il confond, dans une même considération, la fortune, le pouvoir, les honneurs et la personne de ceux qui les possèdent, ce n'est pas qu'il n'en fasse, en réalité, la distinction, il suffit de voir, pour s'en convaincre, ce que devient, d'ordinaire, la considération pour la personne, quand la fortune, le pouvoir, les dignités ont disparu. — D'ailleurs tous ces avantages n'ont rien d'absolu et ne sont jamais que relatifs. L'opinion dans laquelle on cherche à vivre par une supériorité quelconque n'est et ne peut être, après tout, que celle des hommes qui occupent une position analogue, sinon égale, en sorte que chacun n'est jugé et,

par conséquent, considéré que par ses pairs
ou, si vous voulez, par ses rivaux. Les supériorités mêmes de la science et du talent
n'échappent point à cette loi. Combien moins
celles de la position ou de la fortune! Le reflet qu'elles donnent ne s'étend pas au-delà de
cette sphère restreinte où se passe la vie réelle
de chacun. La considération varie ainsi d'un
lieu à un autre lieu, d'une ville à une autre
ville, que dis-je? d'un bout à l'autre de la rue
que vous habitez. Le plus humble magistrat
dans sa commune, le fermier aisé dans les campagnes, le simple instituteur dans son village,
le fort de la halle parmi les compagnons de ses
rudes travaux, occupent, sachez-le bien, dans
l'opinion avec laquelle ils sont immédiatement
en contact, une place équivalente, oui, que les
amants de la gloire humaine me le pardonnent,
une place équivalente à celle des grands de ce
monde, à celle d'un grand capitaliste parmi ses
égaux, d'un grand capitaine parmi ses com-

pagnons d'armes, d'un grand poëte parmi ses rivaux ou ses pairs.

Ainsi diminue, quand on y regarde de plus près, la distance énorme que la diversité des conditions semblait établir entre les hommes; ainsi s'abaissent et s'effacent, quand on les examine sans prévention, ces inégalités accidentelles qui excitent tant d'ambitions et provoquent tant de murmures. Plus on y réfléchit en l'absence de toute préoccupation personnelle, plus on reconnaît que ce qui distingue et sépare les hommes est, après tout, bien moins important que ce qui leur est commun. La sagesse mondaine a reconnu elle-même la vérité de cette réflexion. Un philosophe du siècle passé a dit, en parlant de la science, que si on en faisait deux parts, l'une particulière aux savants de profession, l'autre commune à tous les hommes, celle-ci se trouverait de beaucoup la plus importante. Il en est de même de tous les biens; ce qui est nécessaire à tous, ce qui correspond à des besoins universels, est aussi de beaucoup le plus important, et la valeur de tout le reste ne peut même s'apprécier qu'à cette mesure, c'est-à-dire d'après des besoins réels, et non d'après la comparaison arbitraire entre des personnes ou des positions différentes. « La force, par exemple, ou la puissance, disait encore le philosophe cité tout à l'heure, ne se mesure pas absolument, mais d'après des besoins relatifs. Un être dont la force passe les besoins, fût-il insecte, fût-il un ver, est un être fort. Celui dont les besoins passent la force, fût-il un éléphant, un lion, fût-il un conquérant, un héros, un dieu, est un être faible. Il en est de même du bonheur qui se compose de la réunion de tous les vrais biens. Otez la force, la santé, le bon témoignage de soi, tous les autres biens sont dans l'opinion. — Otez la douleur du corps et les remords de la conscience, tous nos maux sont imaginaires. Celui qui ne voudrait que vivre vivrait heureux, et dès lors aussi il serait bon, car où serait pour lui l'avantage d'être méchant? »

Ces leçons de la sagesse mondaine sont inspirées par le simple bon sens, et l'expérience les a de tout temps confirmées. L'expérience ne nous montre nulle part le bonheur attaché à ces distinctions éphémères qui s'arrêtent à la superficie et ne pénètrent presque jamais jusqu'au vrai fond de la vie humaine. Et si le bonheur consiste surtout, comme on n'en saurait douter, dans le contentement d'esprit, l'expérience devrait nous apprendre à le chercher, non pas au-dessus de nous, sur les hauteurs du pouvoir, de la fortune, de la gloire, mais à nos côtés, à notre place, et peut-être parmi ces rangs inférieurs, les plus nombreux et les plus pressés, où nos regards ambitieux dédaignent de descendre et au milieu desquels il se cache le plus souvent.

Si tel est le langage de la sagesse mondaine, quel sera celui de la sagesse chrétienne pour qui la diversité des conditions est déjà tout expliquée par cette simple parole de l'apôtre : « Dieu a placé les membres et chacun d'eux dans le corps comme il lui a plu. » Si Dieu, qui est le Père de tous, a distribué comme au hasard, et, pour parler avec un grand orateur, comme des présents de nul prix, ces dons si enviés du pouvoir et de la fortune, n'est-ce pas la preuve évidente que le vrai but de la société n'est pas là, ni celui de la vie, ni celui de nos espérances ? Non certes, le but n'est pas là ; j'en atteste quiconque croit à la Providence de Dieu et à la dignité humaine. Non, tous ces dons prodigués à l'homme, toutes ces conquêtes qu'il lui a été donné de faire sur la nature, tout ce merveilleux déploiement d'intelligence et de force qui constitue le développement social, tout cela ne peut avoir pour dernier et suprème résultat, dans les vues de la Providence, de procurer à la chair un peu plus de bien-être matériel, ou de caresser plus agréablement les mauvais instincts d'un vaniteux amour-propre. Le but est plus noble et plus grand, plus digne de celui qui a mis en nous son image. Le but est dans l'œuvre commune à tous, dans le progrès de la vie divine, dans l'affranchissement progressif de toutes les âmes, dans leur communion toujours plus grande, les unes avec les autres, et toutes ensemble avec Dieu, par la lumière, par la justice et par l'amour, dans leur préparation à cette société éternelle et parfaite où il n'y aura plus de misères ni de larmes, parce qu'il n'y aura plus de péché. — Ainsi parle la sagesse chrétienne, et de la hauteur où elle nous transporte, on n'aperçoit pas plus les inégalités fugitives de ce monde que le voyageur n'aperçoit, du haut des Alpes, les sinuosités du sentier par où il les a gravies. Grands et petits, riches et pauvres, puissants et faibles se rencontrent, sous le regard de Dieu, dans une commune destinée et dans un devoir commun qui est de

faire servir, en dispensateurs fidèles, au bonheur et au progrès de tous, les talents divers
qui leur ont été confiés. Dès lors tout sujet de
murmure est ôté, parce que dans le royaume de
Dieu il n'y a point acception de personnes;
tout sujet de convoitise aussi, parce que le bien
suprême ne se diminue pas en se partageant.
C'est ce qui faisait dire à un pauvre vieillard
au sortir d'une leçon où avaient été exposées
je ne sais quelles idées nouvelles : « Il serait
bien plus simple et plus facile d'être chrétien. »
— Croyez-vous, en effet, que cette vue évangélique des choses et des hommes ne soit pas
la plus féconde même pour le bonheur actuel?
Croyez-vous que si nous étions vraiment chrétiens, par la foi et par la vie, nous ne serions
pas plus paisibles, plus résignés dans l'épreuve,
plus confiants dans la prospérité, plus joyeux
dans l'espérance, surtout moins jaloux et moins
envieux les uns des autres? Et si tous croyaient
et faisaient cela, si tous les membres d'une

société, depuis le magistrat le plus éminent jusqu'au plus humble citoyen, se conduisaient d'après ces principes, croyez-vous que la société ne serait pas plus heureuse et que le progrès général ne s'accomplirait pas plus sûrement dans toutes les voies?

Quand sera-ce que ces vérités si simples seront universellement comprises et pratiquées? Quand sera-ce que nous serons tous chrétiens de fait aussi bien que de nom, et que la société humaine formera ainsi véritablement un seul corps animé d'un même esprit, l'Esprit de Dieu, l'Esprit de vérité et de justice, l'Esprit de paix et de charité qui fera croître tous les membres dans la justice et dans la paix, « jusqu'à la perfection des saints, jusqu'à la mesure de la stature parfaite de Christ? » Quand sera-ce que les hommes, désabusés enfin de leurs longues illusions, se tourneront sérieusement vers la seule espérance qui ne trompe point? — N'ont-ils pas eu assez de déceptions? N'ont-ils pas

assez erré au gré de leurs convoitises? N'ont-
ils pas perdu assez de temps à se diviser, à
se combattre, à se disputer les uns aux autres
des jouissances fugitives et périssables. —
Quand on lit, dans l'histoire des temps anciens,
le tableau de ces luttes passionnées pour des
intérêts depuis longtemps évanouis, on est
toujours tenté de s'étonner que les siècles en
pesant sur la tombe des hommes n'aient pas
fait taire l'écho de leurs fugitives passions.
Mais devant la mort, aussi bien que devant
Dieu, « mille ans sont comme un jour, et un
jour comme mille ans; » qu'importe aux hommes de la génération qui a précédé la nôtre
de n'être séparés de nous que par un intervalle de quelques années? Ils ont passé aussi
et leurs convoitises avec eux, et c'est à peine
si nous comprenons aujourd'hui ces passions
si vives d'hier, que la mort a refroidies. —
Qu'importent donc pour nous-mêmes les quelques années et les quelques jours qui nous

restent, puisque chacune de ces années et chacun de ces jours nous rapprochent à grands pas du terme inévitable où vont aboutir toutes les convoitises et toutes les passions? Sommes-nous moins insensés de ne pas y prendre garde et de planter ici-bas nos tentes, d'enraciner toutes les espérances de notre âme et toutes les affections de notre cœur dans cette demeure d'un jour d'où elles seront bientôt arrachées?

— Bientôt cette scène mobile aura passé pour nous aussi complétement que pour ceux qui nous ont précédés de vingt siècles. Bientôt la société passagère et imparfaite aura fait place à la société éternelle dont « le Saint des saints doit être la lumière et la vie. » Là il sera demandé compte à chacun, non de la place qu'il occupait ici-bas, mais de la manière dont il l'a remplie ; non du nombre ou de l'éclat des talents reçus, mais de l'usage qu'il en aura fait et du profit spirituel qu'il en aura retiré. Malheur à celui qui les aura détournés au profit de son égoïsme et de son orgueil, ou enfouis et stérilisés dans la paresse! Malheur au dépositaire infidèle, à l'économe prévaricateur, au serviteur paresseux et lâche! Mais heureux dès à présent celui qui aura été un dispensateur fidèle des dons qu'il avait reçus en les faisant servir à l'édification commune et à l'avancement du règne de Dieu dans son propre cœur! à lui la paix de la dernière heure et la joie de l'éternelle résurrection! à lui l'honneur et la gloire devant le Souverain dispensateur de la gloire et de l'honneur véritables! à lui cette parole de bénédiction de son Maître et de son Père céleste : « Bon serviteur, cela va bien ; parce que tu as été fidèle en de petites choses, je t'établirai sur de plus grandes ; entre dans la joie de ton Seigneur! »

III

LE TRAVAIL OU L'INDUSTRIE.

LE TRAVAIL OU L'INDUSTRIE.

Nous nous fatiguons en travaillant de nos propres mains.

(2 Cor. iv, 12.)

Le travail est la loi universelle. « Toute la création est perpétuellement en travail, dit saint Paul ; Dieu lui-même, dit Jésus-Christ, travaille jusqu'à maintenant. » L'homme ne pouvait échapper à cette loi. Aussi est-ce pour lui, surtout, qu'elle semble faite, et il est, du moins sur la terre, le travailleur par excellence. La société humaine, considérée dans son ensemble, est comme un immense atelier où chacun, bon gré mal gré, doit prendre sa part d'un travail que les hommes ont mis en commun, pour le rendre plus fructueux en le diversifiant à l'infini, et qui, pour tous, est une fatigue, c'est-à-dire une dépense de leurs forces et de leur vie.

Celui de tous les travaux qui met le mieux en évidence cette rude nécessité est le travail manuel auquel le grand apôtre se livrait lui-même, pour n'être à charge à personne, comme il le déclare, et aussi pour encourager, par son exemple, l'activité, la patience, la modération qui en sont la conséquence naturelle. — Mais ce n'est pas, tant s'en faut, la fatigue des bras qui consomme le plus de forces et qui use le plus rapidement la vie. D'ailleurs, comme nous le verrons tout à l'heure, même dans les arts qu'on appelle mécaniques, parce qu'ils s'apprennent et s'exercent avec les bras, l'intelligence réclame toujours une large, et même la plus large part. — Je considère donc ici le travail dans son idée la plus générale qui s'applique à toutes les œuvres humaines, et qui embrasse, en réalité, sous le nom moderne

d'industrie, la totalité des conditions sociales.

Ce travail, né, en même temps que l'homme,
d'une nécessité providentielle, inhérente à notre destination, était primitivement grossier et
simple comme lui. Mais, à mesure que les
hommes se sont multipliés et répandus sur la
terre, leur travail s'est accru et multiplié dans
la même proportion. Vous savez à quel degré
d'intensité, à quelle variété prodigieuse et presque infinie, il est parvenu aujourd'hui. Si vous
le considérez dans le mouvement qu'il imprime,
vous diriez une course de plus en plus rapide,
où l'humanité semble poussée par cette voix
fantastique de la légende : marche, marche !
encore, encore ! toujours, toujours ! — Si vous
le considérez dans ses résultats les plus apparents, vous diriez un laboratoire aussi vaste
que le monde lui-même, où tous les éléments
et tous les matériaux fournis par la nature su-
bissent, sous la main de l'homme, une décom-

position perpétuelle et une perpétuelle transformation.

Spectacle à la fois sublime et effrayant!

Sublime, en ce qu'il est une démonstration
palpable et permanente du génie de l'homme
qui avance chaque jour d'un pas dans la conquête de son domaine terrestre, et qui semble
participer à la puissance créatrice de Dieu.

Effrayant, parce que cette même intelligence, qui a opéré tant de merveilles, nous
apparaît tellement surchargée du poids et du
nombre de ses conquêtes, tellement fatiguée
et épuisée de sa marche haletante, à travers
l'espace et le temps, qu'elle semble souvent
prête à succomber et à rester, comme le héros
d'Israël, ensevelie dans son triomphe.

Considérons-le, toutefois, non dans les détails où nous ne pouvons entrer, mais dans
son ensemble majestueux, et du point de vue
clair et simple que nous nous sommes choisi,
c'est-à-dire dans ses rapports avec le perfec-

tionnement moral des individus et de la société tout entière. Indépendamment de l'intérêt général qui se rattache à une telle question, peut-être y trouverons-nous des leçons positives et pratiques, quand ce ne serait qu'un peu plus de patience et de courage contre la lassitude qui nous gagne bien souvent, et un peu plus de fraternelle et chrétienne sympathie les uns pour les autres.

Le travail, avons-nous dit, et personne ne songera sans doute à le contester, est né d'une nécessité providentielle, inhérente à la nature de l'homme et à sa destination. Cela seul nous autoriserait à conclure qu'il est une chose morale et sainte, comme toutes celles que Dieu a réellement voulues. — Un rapide examen va confirmer pleinement cette conclusion.

Et d'abord le travail est saint en lui-même et par son essence, car il consiste, essentiellement, dans l'exercice et le bon emploi de toutes les forces morales de l'homme. Il ne faut

pas prendre à la lettre cette dénomination
d'arts manuels ou mécaniques par laquelle on
désigne ordinairement les labeurs de l'industrie, comme s'ils étaient, en réalité, purement
mécaniques et matériels. L'opinion qui a longtemps régné à cet égard, et que l'importance
croissante de l'industrie n'a peut-être pas encore entièrement dissipée, n'est qu'un préjugé
produit, comme tous les préjugés, par une vue
superficielle des choses. Loin d'être purement matériel, le travail, quel qu'il soit, même
le plus simple et le plus grossier, même le plus
fatigant et le plus accablant pour le corps,
même le moins honoré par l'opinion commune,
n'est autre chose, au fond, à tous ses degrés et
dans ses variétés infinies, qu'une protestation
et une lutte incessantes de l'esprit contre la
matière, de l'intelligence contre la nature inanimée. C'est la transformation des grossiers
matériaux que la terre nous fournit en nourriture, en vêtements, en jouissances, en accrois-

sement de bien-être, par un moyen tout spirituel, par l'exercice et le bon emploi de cette intelligence à qui la matière ne sert jamais que d'instrument et de point d'appui. Ceci n'est point une vaine figure de langage ; c'est l'exacte réalité, et vous n'avez, pour vous en convaincre, qu'à examiner de près un produit quelconque du labeur humain. — Examinez ce pain, chose si vulgaire dont le nom est devenu, dans toutes les langues, le synonyme du nécessaire et de la subsistance même des hommes, et calculez, si vous le pouvez, tout ce qu'il a fallu d'intelligence dépensée et accumulée pour le produire, depuis la première découverte de la plante inculte et sauvage qui s'est transformée sous la main de l'homme en épis et en moissons, jusqu'à l'art devenu vulgaire qui en a fait l'aliment universel.—Prenez, parmi les œuvres les plus communes de l'industrie moderne, parmi ces légers tissus qui servent au vêtement ou à la parure, parmi ces objets variés qui étaient naguère un luxe, et qui deviennent peu à peu une nécessité universelle, à mesure qu'un art plus parfait et une production plus abondante les mettent à la portée de tous, prenez le premier venu, n'importe lequel; pesez, appréciez, calculez ce que vaut la matière et ce que vaut le travail, d'autant plus précieux, vous le savez, qu'il fait davantage oublier la matière, et vous verrez celle-ci s'effacer et disparaître, pour ainsi dire, comme une chose vile et sans importance, à mesure qu'augmente le prix et la grandeur du travail, c'est-à-dire de l'intelligence dont il n'est que la manifestation. — Prenez, enfin, si vous voulez des exemples plus sensibles encore, un de ces chefs-d'œuvre de la mécanique moderne où la matière elle-même, par un prodige nouveau, semble s'être approprié le mouvement, l'intelligence et la vie; une de ces machines puissantes, par exemple, qui traînent à leur suite, comme par enchantement, sur la

terre, sur les fleuves, sur les mers, d'immenses
convois de produits et d'hommes, avec une rapidité qu'aucun véhicule n'avait encore égalée.
Il n'y a là, en apparence, que du fer, de l'eau,
du feu, une matière inerte et morte. Cependant, « un esprit est dans les roues » comme
dans celles du char prophétique, non pas un
esprit imaginaire, mais une incarnation réelle
et vivante de l'esprit humain qui, en décom-
posant la vapeur d'eau, s'est assujetti cette
force immense et l'a distribuée dans tous ces
rouages de manière à diriger où il veut et
comme il veut son essor. — Retirez l'esprit invisible, premier et véritable moteur de ces prodigieux mouvements, et vous verrez la matière
revenir à son inertie et à son impuissance naturelles. — Retirez l'inventeur, le mécanicien,
le conducteur de la merveilleuse machine;
retirez même le simple chauffeur qui lui dispense, avec mesure, l'aliment destiné à la faire
agir, et au lieu des mouvements réguliers que

vous admiriez tout à l'heure, vous aurez l'immobilité de la mort, ou le chaos d'une catastrophe effroyable. La machine si savamment organisée ne sera plus qu'un inutile débris, semblable à ces jouets d'enfant dont on a brisé le ressort, une masse inerte de matière, bonne, tout au plus, à être replongée dans la fournaise, jusqu'à ce que l'esprit humain, qui lui avait prêté son intelligence, vienne la transformer et l'animer de nouveau.

Oui, le travail, à tous ses degrés, même sous ses formes les plus simples et les plus grossières, est partout le synonyme de l'intelligence, le représentant de ses combats et de ses triomphes sur la matière. C'est une incarnation vivante de l'homme lui-même dans les matériaux bruts que lui a fournis la nature; c'est une véritable création de cet être formé à l'image de Dieu, qui imprime, à son tour, sa propre image sur toutes les œuvres de ses mains.

C'est, par conséquent, pour lui, un signe et un moyen d'affranchissement spirituel, par conséquent aussi une chose morale, bonne et sainte. Nos sociétés modernes ont donc eu raison de glorifier et de sanctifier le travail ; et il faut le glorifier, sans exception, car il n'y a pas de travail si humble et si obscur qui ne s'ennoblisse par cette pensée, pourvu qu'on s'élève soi-même jusqu'à elle, pourvu que chacun mette réellement son intelligence et son âme dans les fonctions, n'importe lesquelles, qu'il est appelé à remplir. Chacun, en effet, peut imiter, à cet égard, la conduite et le succès de cet homme, le plus grand, peut-être, dont l'antiquité païenne nous ait transmis la mémoire, qui, ayant été revêtu, par une basse jalousie de ses ennemis, des fonctions réputées les plus viles dans sa patrie, s'en acquitta de manière à couvrir ses adversaires de confusion, et lui-même d'une gloire d'autant plus éclatante qu'elle était plus inattendue.

Telle étant la nature et l'essence du travail, il est impossible, à moins que des circonstances étrangères ne viennent y mettre obstacle, qu'il n'exerce pas sur les individus aussi bien que sur les sociétés une influence salutaire et moralisante. Pourvu qu'il soit assez fructueux pour faire vivre celui qui l'exerce, et qu'il n'écrase pas ses forces en les dépassant, deux conditions qui doivent être garanties à tous, le travail est éminemment favorable à la santé des âmes non moins qu'à celle des corps; il est le père du bien-être, du contentement, de l'esprit d'ordre, de la chasteté, de la tempérance, comme l'oisiveté, au témoignage de l'expérience universelle, est la mère de tous les vices opposés. L'homme qui dépense régulièrement les forces de son corps et de son âme par un emploi bien entendu et bien ordonné dont il recueille journellement les fruits, n'en aura pas beaucoup à donner aux passions déréglées et corruptrices. Le goût du calme et

de la paix intérieure, les affections, les devoirs,
les joies, les sollicitudes mêmes de la famille,
auront le pas, dans son cœur, sur les jouissances bruyantes et passionnées. L'estime de
soi-même, le bonheur domestique, l'honneur
d'un nom sans tache à transmettre à ses enfants, le maintiendront dans ces dispositions
salutaires et lui en feront sentir toujours mieux
le prix. Car si le bonheur existe quelque part
sur la terre, c'est bien certainement là qu'il
faut le chercher, dans une vie simple, laborieuse, bien remplie, où le travail régulier
assure, avec la subsistance du jour, la pré-
voyance du lendemain, et l'indépendance de
toute la vie bien mieux et bien plus sûrement
que ne peuvent le faire l'opulence la plus fas-
tueuse et les positions les plus élevées. Saint
Paul avait raison de demander sa propre indépendance et celle de son ministère à un travail
de ce genre. Il avait raison aussi, du moins en
cela, ce philosophe du dernier siècle qui vou-

lait faire entrer, dans l'éducation universelle, l'apprentissage d'un art manuel et l'expérience de tous les siècles n'a que trop souvent confirmé la sagesse d'une telle précaution.

Mais, pour revenir à notre point de vue spécial, le travail est d'autant plus favorable à la moralité qu'indépendamment des habitudes qu'il engendre ou entretient, il tend, de toute manière, au développement de toutes les facultés morales, et se rattache, plus ou moins directement, à tous les bons instincts de notre nature qu'il fortifie, aux dépens de toutes les passions sensuelles et basses auxquelles il ne laisse pas le temps de germer. Il touche, en même temps, à toutes les choses grandes et saintes qui élèvent l'âme en l'affranchissant. — D'un côté, il touche à la science pure dont les arts les plus grossiers et les plus simples ne sont jamais qu'une application pratique, et il favorise ainsi, chez les plus modestes travailleurs, cet essor désintéressé de la pensée qui, par l'attrait et la connaissance de la vérité, agrandit incontestablement la sphère de la vie morale. D'un autre côté il touche à cet instinct du beau que tout homme porte en son cœur et qui est aussi un puissant moyen d'éducation, pourvu qu'on lui fournisse l'occasion et la matière de son développement. Or, le travail fournit naturellement à tous cette occasion précieuse ; car toute œuvre est susceptible d'une perfection plus ou moins grande, et procure à son auteur, en raison de sa perfection même, une satisfaction intérieure qui rapproche l'âme, au moins en quelque manière, de cet idéal divin dans lequel elle puise ses meilleures inspirations. — Qui n'a éprouvé quelquefois ce sentiment? qui n'a rencontré chez de simples ouvriers cette aspiration vers l'idéal, manifestée par le fini, par la perfection, par le désintéressement de leur œuvre? Et qui peut douter qu'une telle disposition, entretenue par des habitudes journalières, ne soit, pour la santé morale des âmes, un précieux aliment?

Mais le travail touche plus directement encore à cette sphère morale de la conscience, car il n'est pas seulement une nécessité ou un plaisir, il est un devoir. Il n'a pas pour unique but le bien-être du travailleur, mais celui d'une famille, d'une patrie, de la société humaine tout entière, et il a pour dernière fin l'accomplissement d'une fonction sainte, j'ai presque dit d'une divine mission. Suivez-le dans tous ces degrés et voyez à quelle hauteur il devrait élever les âmes!

Considérez ce père de famille qui dépense journellement son temps et ses forces dans un travail pénible, dont l'impérieuse nécessité lui pèse et le fatigue sans doute bien souvent. S'il ne s'imposait cette fatigue que pour satisfaire ses besoins personnels; si toute sa vie était renfermée dans ce cercle étroit; — travailler pour manger; — manger pour travailler encore; — sans doute une telle tâche, une telle vie, seraient quelque chose de bien pénible et de bien fastidieux. — Mais cet homme a une femme, des enfants, une famille dont il doit être ici-bas la providence, et qui attend de lui soit le pain du corps, soit le pain de l'âme. — C'est pour elle qu'il travaille ; c'est pour elle qu'il supporte le poids du jour et de la chaleur ; c'est pour elle qu'il se dépense lui-même, la nourrissant ainsi, en quelque sorte, de sa propre vie et de sa propre substance. Comme les plus humbles labeurs sont relevés et ennoblis par cette pensée ! Comme elle relève l'homme lui-même, en même temps que sa position sociale ! Comme elle est propre à lui inspirer, avec le sentiment de sa dignité personnelle, la patience, l'activité, le courage, le zèle nécessaires à l'accomplissement de sa vocation !

Mais là ne s'arrête pas cette bienfaisante et salutaire influence. Une fois sorti de son étroite personnalité, l'homme voit s'élargir et s'étendre de plus en plus les relations qui unissent sa vie à celle de ses semblables. Ce travail, dont la famille est l'objet le plus direct, doit profiter aussi et profite réellement à une famille plus grande qui est la patrie, c'est-à-dire la société particulière dans laquelle il se trouve comme incorporé, et à laquelle il doit aussi ses services, en retour des nombreux bienfaits qu'il en a reçus. Or, il ne la sert pas seulement dans les grandes circonstances où elle fait appel à son dévouement ; il la sert encore et surtout, chaque jour, de la manière la plus efficace, par son travail de chaque jour. Il la sert en donnant, autour de lui, le constant exemple d'une vie laborieuse et utile. Il la sert en s'acquittant de son mieux de la tâche, si humble soit-elle, qui lui est échue en partage et qui s'élève ainsi à la hauteur d'une véritable fonction sociale, dont la grandeur ne se mesure pas à son importance relative, mais à la fidé-lité avec laquelle on la remplit.

Il y a plus encore. Le travail resserre tous les liens qui unissent l'homme à tous ses semblables, en lui rendant cette union plus nécessaire et plus précieuse. Le principe de tous les progrès qu'a déjà réalisés l'industrie humaine se trouve, en effet, dans la division, ou, ce qui revient au même, dans l'association du travail.
— « Deux valent mieux qu'un, » dit la Bible, dans son énergique et simple langage ; deux valent mieux qu'un, car si l'un tombe, l'autre le relèvera, et là où la force d'un seul n'aurait pas suffi, celle de deux pourra suffire. L'utilité de ce simple principe une fois reconnue, les hommes ont trouvé dans leur mutuelle association un immense accroissement de forces. C'est par-là que se sont accomplis tous les merveilleux progrès de l'industrie moderne. C'est par-là que la production de toutes les choses nécessaire à la vie a pris une extension prodigieuse, et que le bien-être général s'est répandu et augmenté dans la même proportion. Mais c'est

par là surtout que la solidarité mutuelle et intime qui doit unir entre eux et les hommes et les peuples a été mise en pleine évidence.

Représentez-vous un de nos grands foyers d'industrie, une ville, une manufacture, ou même un simple métier. Comptez, si vous le pouvez, les innombrables rayons qui viennent aboutir à ce centre. Calculez toutes les forces diverses qui viennent converger vers un même but, et coopérer à un même résultat pour lequel elles sont toutes également nécessaires. — Si vous ôtez un seul des rouages de cette immense machine, toute la machine s'arrête; si vous supprimez une seule pièce de cet atelier, les autres ne peuvent plus s'assembler; si vous retranchez à ce métier un seul des éléments destinés à l'entretenir, le métier ne fonctionne plus. — Or, quelle leçon palpable et vivante ressort de là, à chaque instant, si ce n'est la nécessité, désormais absolue, de cette paix « dans laquelle doivent être semés tous les bons fruits de la justice, » c'est-à-dire de cette harmonie fraternelle qui doit unir tous les hommes les uns aux autres, et qui trouve sa dernière expression, comme sa dernière fin, dans leur commune et divine destination?

Arrivés à cette hauteur, le travail humain, quand nous le considérons dans son ensemble et dans son harmonieuse variété, nous apparaît comme une mission providentielle qui embrasse l'humanité tout entière. L'homme est appelé à continuer ici-bas l'œuvre de la création. Le globe lui-même se transforme journellement sous sa main. La matière inanimée reçoit, pour ainsi dire, l'empreinte de son intelligence et la communication de son esprit. C'est de lui qu'elle emprunte une voix pour célébrer, à son tour, « ce Père des Esprits dont les cieux racontent la gloire, » et c'est dans ce sens, mais dans ce sens seulement, qu'on a pu dire avec raison : Qui travaille prie; car le travail ainsi rapporté au service de Dieu et à sa gloire est une prière continuelle, un acte d'adoration, un véritable sacerdoce ; et nous avons tous une part dans ce sacerdoce ; nous sommes tous appelés à faire cet acte d'adoration ; nous sommes tous, quelque obscure que soit ici-bas notre place, les ouvriers, les ministres et les coopérateurs de Dieu !

Mais pourquoi donc, direz-vous, et il vous tardait sans doute, comme à moi, d'arriver à cette application : Pourquoi les faits répondent-ils si peu aux principes, et la pratique à la théorie ? Pourquoi cette influence du travail qui devait être si bienfaisante n'a-t-elle pas produit encore tous ses bons fruits ? Pourquoi ces progrès de l'industrie humaine, qui devraient améliorer et sanctifier les mœurs, semblent-ils, trop souvent, en amener la décadence ? Pourquoi sont-ils, trop souvent, un dissolvant pour la famille, au lieu d'en resserrer le lien ? Pourquoi, au lieu d'abaisser les barrières qui existent entre les hommes, en

élèvent-ils de nouvelles en suscitant de nouvelles discordes et de nouvelles rivalités? Pourquoi, enfin, au lieu d'élever à Dieu tous les
regards et tous les cœurs, semblent-ils les in-
cliner de plus en plus vers la terre, et les plon-
ger, en quelque sorte, toujours plus profondément dans la matière et dans la chair?

Pourquoi? — Par une raison bien simple et
qui a besoin, pourtant, d'être répétée, tant on
est disposé à la méconnaître ou à l'oublier.
Pourquoi? parce que le concours des circonstances extérieures, quelque favorable qu'il
puisse être, ne suffit pas pour rendre l'homme
meilleur, s'il ne met lui-même directement la
main à cette œuvre, si sa propre volonté n'in-
tervient sans cesse, avec une active persévérance pour faire sortir de chaque germe semé
par la Providence les fruits de justice et de
salut qu'elle y avait déposés. — Pourquoi?
— Parce que, jusqu'à présent, on s'est plus
occupé de perfectionner les instruments exté-

rieurs du travail que de perfectionner l'instrument par excellence qui est l'homme
même ; parce qu'on a su mieux tirer parti des
matériaux fournis par la nature inanimée que
de cette nature morale de l'homme qui est la
matière vivante de toutes ses œuvres, et qui a
besoin, elle aussi, d'être cultivée par un travail régulier et spécial, pour ne pas rester en
friche, ou pour ne pas porter des fruits malfai-
sants. — Pourquoi, enfin? — Parce que plus
une machine est grande et puissante, plus la
qualité de la matière et le fini du travail sont
nécessaires à la régularité de ses mouvements.
Plus l'humanité avance dans sa carrière et augmente sa puissance d'action, plus elle a besoin
de bien diriger cette action et d'en fortifier le
régulateur. — Plus la vie de l'homme se com-
plique par l'extension de son activité, plus il
devient nécessaire de retremper, sans cesse, à
leur source, les sentiments de son cœur, les
inspirations de sa conscience, l'énergie de sa

volonté, et tous les éléments primitifs dont se compose son caractère moral.

Voilà ce qu'on a oublié trop souvent et ce qu'il ne faut plus oublier désormais, sous peine de voir se renouveler, sans terme et sans fin, ces pénibles oscillations, ces tristes alternatives de progrès et de décadence, qui attristent profondément le cœur, dans l'histoire des siècles passés, et qui feraient douter, par moments, de la réalité même du progrès. — Un savant célèbre de l'antiquité disait, pour faire comprendre la puissance de la mécanique : Donnez-moi un levier et un point d'appui, et je soulèverai le monde. Les hommes, dans leur dévorante activité, semblent avoir pris à tâche la solution de ce problème ; mais ils oublient que le point d'appui est tout trouvé, puisqu'il est dans ce monde lui-même que Dieu a livré à leurs investigations, et le levier aussi, car ils le portent en eux-mêmes, dans cette force divine de la volonté que Dieu leur a départie et par laquelle ils réfléchissent son image. Mais la question n'est pas là pour eux. Il ne s'agit pas de remuer le monde; il s'agit de s'en servir, selon les vues de la Providence, pour leur propre perfectionnement; il s'agit, non pas de peser sur lui par leur volonté désordonnée, mais de bien régler cette volonté elle-même. En d'autres termes, ce n'est pas le monde moral qu'il faut subordonner au monde matériel, mais le monde matériel au monde moral. Toute la destinée présente et éternelle de l'humanité est renfermée dans cette sphère morale de la conscience, et c'est une folie en même temps qu'un danger immense que de la chercher au dehors.

C'est donc là que tout doit converger et aboutir. C'est la formation des caractères, c'est la bonne direction des volontés, c'est l'affermissement des consciences, et, pour tout dire en un mot, c'est l'éducation religieuse des âmes, qui doit occuper la première place dans les

intérêts humains, et servir de but suprême à
tous les travaux. C'est par là, pour le dire
en passant, que vous avez aussi votre part, et
une large part dans tous les développements
de l'activité humaine, vous, femmes, qui vous
croyez peut-être étrangères à ces grands intérêts de la société extérieure ; car si votre vie
se renferme d'ordinaire et avec raison dans
une sphère plus intime et plus modeste, c'est
de vous surtout que doit partir cette direction
morale et religieuse qui se communique du
dedans au dehors, de la famille à la société,
des habitudes privées aux habitudes publiques. C'est votre tâche spéciale à vous comme
c'est aussi votre gloire. Mais cette tâche est
aussi celle de tous. Elle doit être le but principal de toute éducation, et de celle que reçoit
la jeunesse, et de celle que chacun se donne
à lui-même dans tous les âges de la vie. Quand
ce premier de tous les principes sera universellement reconnu et pratiqué, quand les pères et

les mères l'inculqueront, avant toutes choses,
à leurs enfants, quand tout le monde s'en fera
sérieusement l'application, — alors il sera évident « que les voies de Dieu sont toujours bien
réglées et que toutes choses concourent ensemble au bien de ceux qui font sa volonté. » Alors
disparaîtront toutes les contradictions apparentes que l'homme rencontre ici-bas dans sa
carrière ; alors tout travail humain sera sain
pour les âmes aussi bien que pour les corps ;
alors l'humanité s'avancera non plus par se-
cousses et par bonds, mais par une marche
assurée et paisible vers la pleine réalisation de
ses destinées. Et si, après avoir achevé la conquête de ce monde terrestre, il lui reste encore
des imperfections et des misères, des désirs
inassouvis et des espérances non réalisées. —
Eh bien, elle apprendra à porter ses vues plus
haut et plus loin ; elle sentira que si Dieu semble reculer devant elle, c'est pour l'inviter,
c'est pour la contraindre à s'élever toujours

plus jusqu'à lui. Elle sentira que ce monde, avec toutes ses magnificences, n'est, après tout, qu'un marchepied et un point d'appui pour s'élancer, sur les ailes de la foi et de l'espérance, vers ce monde meilleur et plus beau qui attend les âmes sanctifiées et mûres pour l'éternité !

IV

L'AGRICULTURE.

L'AGRICULTURE.

L'Éternel-Dieu prit donc l'homme et le mit dans le jardin d'Éden pour le cultiver et le garder.

(Genèse, ii, 15.)

Parmi les grandes branches du travail humain qui constituent comme autant de fonctions distinctes, toutes également nécessaires au bien-être et à l'harmonie du corps social, l'agriculture se présente la première soit dans l'ordre des temps, soit dans l'ordre de l'importance. Elle n'est pas seulement la plus naturelle et la plus nécessaire; elle est, en quelque sorte, la plus divine, puisqu'elle a précédé la chute et qu'elle devait entrer dans les conditions du bonheur d'Éden. « L'Éternel-Dieu prit donc l'homme et le mit dans le jardin d'Éden pour le cultiver et pour le garder. » Quels que puissent être les changements apportés à la condition humaine par cette chute mystérieuse dont le lointain souvenir s'est conservé dans les traditions de tous les peuples, la terre actuelle n'en est pas moins confiée, comme l'Éden, au travail réparateur qui la garde et qui la cultive. C'est toujours elle, après tout, qui doit nourrir l'homme ; les arts les plus merveilleux et les plus vantés ne remplaceront jamais celui qui la rend féconde, et l'occupation primitive d'Adam sera toujours, quoi qu'on fasse, celle de l'immense majorité du genre humain. Sans elle, la population qui n'a cessé de s'accroître depuis des milliers d'années, par l'exploitation toujours plus vaste et mieux entendue d'un sol que le travail seul rend productif, déclinerait rapidement dans une progression effrayante, et laisserait le champ libre aux forces aveugles et dissolvantes de la nature. La terre elle-même, perdant ce dernier reflet de l'Éden que la main de l'homme lui avait rendu, se couvrirait de plantes incultes et de sauvages productions, et le chaos, un chaos plus aride encore et plus désolé que celui qui avait précédé la vie, envahirait de nouveau tout notre globe.

Mais l'importance matérielle de cette grande fonction ne saurait être contestée par personne, et c'est surtout de son influence morale que j'ai à vous entretenir. Si quelqu'un s'étonnait du choix d'un pareil sujet, plus convenable, ce semble, à un auditoire de campagne, qu'à celui d'une grande ville, je lui répondrais, d'abord, qu'il entrait nécessairement dans le plan général que je me suis tracé. Je lui dirais ensuite qu'au milieu de la diversité des fonctions amenée par la division du travail et par le progrès même de la société, il est plus important qu'on ne pense, et principalement aujourd'hui, de réfléchir sérieusement aux harmonies morales qui les unissent. — J'espère,

d'ailleurs, que la suite même de cette méditation, et l'application que je veux en faire, me
fourniront une réponse meilleure encore et plus
décisive à cette objection d'inopportunité, si
elle se présentait réellement à votre esprit.

Je pourrais me prévaloir d'abord des paroles de la Genèse qui font de la culture du globe
par la main de l'homme une institution divine.
Car puisque le perfectionnement moral de l'humanité entrait, évidemment, en première ligne,
dans le plan providentiel, on ne saurait douter
que le milieu primitif où l'homme avait été
placé par Dieu même ne fût favorable et nécessaire à l'exécution de ce plan.

Je pourrais me prévaloir encore des autres
enseignements bibliques où l'importance morale de l'agriculture est, de nouveau, mise en
évidence, comme, par exemple, des nombreuses lois qui, dans la législation mosaïque,
avaient pour but évident d'arracher le peuple
de Dieu à la vie nomade, et de l'attacher, par

un travail régulier, à cette terre des promesses
où devait s'opérer sa transformation.

Enfin, je pourrais me prévaloir des résultats
de l'expérience qui nous montre partout la
moralité des peuples intimement associée au
respect dont on entoure le travail des champs.
C'est à ce respect, on le sait, que le plus
grand des peuples antiques a dû cette simplicité de mœurs, cette énergie des caractères,
cet ardent patriotisme, et toutes ces austères
vertus qui lui ont valu, pendant si longtemps,
la domination universelle. Ce grand exemple a
été confirmé plus d'une fois et il l'est encore
de notre temps. Des expériences récentes ont
montré que les travaux des champs, non-seulement entretiennent la santé morale des popu-
lations qui s'y consacrent, mais peuvent même
la rétablir, quand elle a été altérée. Parmi les
nombreux moyens essayés de notre temps
pour opérer la régénération morale de ces
hommes que leurs vices ou leurs crimes ont

mis en dehors de la société, le seul qui ait véritablement réussi, surtout pour la jeunesse qui offre plus de prise à son action, est celui des colonies agricoles; et on le comprend facilement. On comprend que ces travaux salubres, si appropriés à la nature intime de l'homme, ainsi qu'à ses besoins vrais et primitifs, doivent exercer sur lui, à la longue, une influence bienfaisante. On comprend que dans cet entourage si simple et si poétique, au milieu de cet air toujours pur et de cette nature toujours belle, le cœur se rassérène, les passions violentes s'apaisent, les besoins factices diminuent, et, avec eux, les occasions et les stimulants de la corruption. Qui ne l'a éprouvé soi-même, en quelque mesure?. Qui ne s'est senti et plus content et meilleur dans le sein de cette vie champêtre que tout contribue à rendre si facile et si douce? Et qui ne l'a rêvée, en espérance au moins, pour le repos de sa vieillesse? Qui ne sent enfin que l'homme, comme le géant de la Fable, doit puiser pour son âme comme pour son corps, dans un contact habituel avec ce sol nourricier, une force et une santé journellement rajeunies?

Mais ces généralités sont insuffisantes ; il faut entrer dans quelques détails, et montrer, par divers exemples, combien les travaux champêtres sont en harmonie avec les sentiments et les dispositions les plus nécessaires à notre développement moral.

Ils le sont d'abord avec le sentiment religieux, première et principale source de la vie morale des âmes. « Les perfections invisibles de Dieu, dit saint Paul, se voient comme à l'œil depuis la création, quand on considère ses ouvrages. » Ce qui était vrai pour les païens doit l'être à plus forte raison pour des hommes que l'Évangile a éclairés de sa lumière. La nature nous parle de Dieu dans un langage dont les plus simples ont la clef, et il semble impossible de se rapprocher d'elle sans se rapprocher en même temps, et par cela même, de lui. Comment ne pas reconnaître la puissance infinie et la paternelle bonté de Dieu, quand on est journellement entouré du spectacle de ses œuvres merveilleuses et de ses dons bienfaisants? Quand chaque jour qui se lève, chaque saison qui se renouvelle, chaque brin d'herbe qui pousse, chaque fleur qui s'épanouit, chaque germe nouveau que fécondent la rosée ou le soleil, renouvellent en quelque sorte sous nos yeux le miracle de la création première? — Comment ne pas sentir la présence vivifiante de l'Esprit éternel dans cette jeunesse toujours nouvelle de la nature, dans cette inépuisable sève dont les mille canaux se rouvrent à chaque printemps, dans cette perpétuelle circulation de la vie dont l'homme se fait l'instrument intelligent, mais dont il ne peut qu'adorer sans le sonder l'éternel mystère? — Et, en même temps, comment ne pas se sentir, à chaque instant, sous la main divine? Comment ne pas attendre d'elle journellement ce pain qu'elle multiplie si visiblement sous nos yeux et par nos mains? — Cette origine première du pain quotidien, que les mille intermédiaires à travers lesquels il nous arrive nous font bien souvent oublier, sinon méconnaître, l'habitant des campagnes ne peut pas un seul instant la perdre de vue. Voyez-vous ces champs tout couverts d'épis verdoyants qui bientôt vont tomber sous la faucille? C'est le pain du cultivateur, c'est le nôtre, c'est celui de tout le monde, et, s'il venait à manquer universellement, tout l'or que la terre renferme sur sa surface ou dans ses entrailles ne le remplacerait pas. Il a fallu, pour le produire, que les germes délicats confiés au sillon pendant l'automne y fussent protégés pendant quelque temps par les neiges de l'hiver. Il a fallu les pluies du printemps pour les faire croître, et les ardeurs de l'été pour les mûrir. Maintenant encore, un refroidissement subit, une pluie intempestive, un court orage, un peu de grêle, c'est-à-dire une foule d'accidents contre lesquels toute la prudence humaine est impuissante, peuvent compromettre ou même anéantir d'un jour à l'autre tout l'espoir de la moisson, et à l'abondance faire succéder la famine. En présence de toutes ces éventualités, comment ne pas lever quelquefois les yeux vers celui « qui envoie les pluies et les saisons fertiles, vers celui qui donne l'accroissement, tandis que Paul plante et qu'Apollos arrose; » vers celui qui est notre seul garant de cette fidélité de la nature à garder notre dépôt et à réaliser nos espérances? Ah ! quelle que soit la puissance des habitudes pour affaiblir nos premières impressions, il est impossible qu'elle prévale jamais entièrement sur des leçons si répétées et si vivantes; il est impossible que l'impiété germe naturellement, si elle n'y est apportée d'ailleurs, dans des âmes appelées à contempler Dieu si familièrement, pour ainsi dire, et de si près. Aussi les habitants des campagnes nous apparaissent-ils, dans toute la suite de l'histoire, comme les derniers et les plus fidèles gardiens des traditions religieuses ; à quoi je ne crains pas d'ajouter qu'ils les garderont d'autant plus fidèlement qu'elles seront plus près de la nature et plus conformes à la vérité.

Mais si la vie de l'homme des champs est une perpétuelle invitation à la reconnaissance, à la soumission, à la confiance en Dieu, ces sentiments ne diminuent en rien son activité personnelle. Au contraire, il n'est pas une des bénédictions dont il est l'objet, il n'est pas une des merveilles de la puissance divine dont il est témoin, qui ne soient, pour lui, un nouveau stimulant et un nouvel encouragement au travail. Il sait, par une expérience journalière, que tous les dons de Dieu sont « des talents » à faire valoir, c'est-à-dire des matériaux et des instruments de travail ; et tout l'invite à

les faire valoir en effet. Tout, autour de lui,
lui donne l'exemple de l'activité ; la nature
morte et la nature vivante, cette terre dont le
sein est, pour lui, comme dans un enfantement
perpétuel, ces animaux qu'il a instruits à le
servir, la variété des saisons qui viennent successivement lui préparer le terrain, et celle des
récoltes qui n'attendent que ses soins pour
éclore, tout l'excite, tout l'encourage à persé-
vérer dans ce labeur fécond, dont les fruits,
qui croissent pour ainsi dire à vue d'œil, remplissent son cœur d'une joyeuse et sereine
attente. Mais son activité n'a jamais, remarquez-le bien, cette ardeur dévorante qui consume à la fois les forces de l'âme et celles du
corps, en livrant l'âme et le corps ainsi affai-
blis à l'empire énervant des passions mauvaises. Elle est patiente comme la nature,
régulière et paisible comme le cours même de
l'année et des saisons. Le cultivateur sait qu'il
ne peut pas recueillir avant d'avoir semé, ni

voir mûrir le fruit avant d'avoir vu s'épanouir la fleur, et cette leçon, répétée à chaque instant sous mille formes diverses, le met à l'abri de cette impatience fiévreuse, de cette frivole mobilité, de cette inconstance maladive, qui ne sont que trop souvent le fléau de tant d'autres conditions. La persévérance sans laquelle aucun travail n'est fécond, la régularité sans laquelle tout s'éparpille et se perd, l'économie judicieuse du temps et des forces qui est pour lui la première des richesses, passent insensiblement de ses habitudes extérieures dans celles de sa vie privée, et finissent par former comme le fond de son caractère. Elles lui font en toute chose un besoin en même temps qu'un plaisir de la tempérance et de la modération. Les jouissances simples qui sont toujours à sa portée le préservent des jouissances coûteuses et factices qu'il faudrait chercher trop loin. « Le dormir de celui qui laboure est doux, » dit l'Ecclésiaste ; on peut en dire autant de toute sa vie. Elle est monotone, si l'on veut, mais d'une douce et heureuse monotonie qui la rend suivie et pleine. Au lieu de la disperser en mille distractions qui ne laissent après elles qu'ennui et que vide, il la concentre autant que possible en elle-même, et nul plus que lui ne la possède complétement.

Les mêmes habitudes lui apprennent, avec la modération qui est la première des vertus privées, la première des vertus publiques qui est la justice; car la modération et la justice sont deux sœurs qui ne marchent jamais séparées. Le prix qu'il attache à son propre travail servira naturellement de mesure à son respect pour les fruits du travail d'autrui. Plus il tient à recueillir ce qu'il a semé, moins il voudra s'approprier ce qui a été semé par d'autres, et cette possession même, plus pleine et plus entière, peut-être, que partout ailleurs, par laquelle il s'identifie, en quelque sorte, avec le sol défriché et cultivé par ses propres mains, imprimera profondément dans son âme le respect instinctif pour les droits et pour la possession de son prochain. — En général, tous ses sentiments seront tenaces et immuables comme la borne de son champ, profonds et concentrés comme sa vie. Mais cette concentration et cette ténacité ne le rendront pas moins sociable. Ce qui pourra manquer en étendue à ses relations et à ses affections sociales, elles le gagneront en intensité, en fixité, en durée. Telles seront, par exemple, ses relations domestiques. La famille, qui est la première des sociétés et la souche féconde de toutes les autres, sera pour lui l'objet d'un pieux respect, et fera partie intégrante du calme bonheur qu'il s'est créé. Moins répandu au dehors, il n'en sera que plus disposé à contracter et à resserrer ces premiers liens si naturels et si nécessaires au cœur de l'homme. Il n'en sera détourné par aucun de ces nombreux obstacles que leur oppose souvent la complication d'une vie factice et mondaine ; il n'y portera pas ces passions violentes et jalouses qui en sont le dissolvant le plus actif. La famille est pour lui un accroissement de richesse et de force, en même temps que de bonheur ; elle sera donc chez lui trop sérieusement honorée pour qu'il s'y mêle des sentiments factices ou exagérés qui la dénaturent. Elle gardera quelque chose de la simplicité patriarcale ; elle aura la ténacité et la durée de tout ce qui s'attache au sol, et ses traditions les plus précieuses s'y transmettront fidèlement de père en fils et de génération en génération.

Il en sera de même du patriotisme. Si ce grand sentiment social dépend beaucoup, comme on l'a dit, des circonstances qui rendent plus ou moins visible et vivante l'image de la patrie, on peut dire avec non moins de vérité que les circonstances les plus favorables à son développement et à sa conservation se rencontrent dans la vie de l'homme des champs.

Aussi l'expérience de tous les temps nous montre-t-elle partout le patriotisme jetant dans cet amour du sol natal, du sol arrosé de nos sueurs, ses racines les plus profondes et les plus vivaces.

Il en sera de même enfin de tous les sentiments conservateurs auxquels semblent être attachés l'ordre et la durée des sociétés humaines. C'est dans les travaux de l'agriculture et dans les habitudes qu'elle crée, qu'ils rencontrent peut-être leur meilleur et leur plus solide aliment. Plus on examine cette grande fonction à ce point de vue, plus on trouve de frappantes analogies entre son rôle matériel, qui est la conservation même du genre humain, et son rôle moral, qui semble devoir être aussi d'entretenir, de fortifier, d'enraciner dans toutes les habitudes les vertus et les sentiments les plus nécessaires à la conservation de la vie morale dans tout le corps social.

En décrivant ainsi rapidement et à grands

traits la part d'influence qu'il faut attribuer à l'agriculture dans le développement moral de l'humanité, je me suis abstenu de toute exagération, et je ne crois pas avoir dépassé la limite qui résulte de la nature même des choses et de leur destination providentielle. Cependant, et malgré cette réserve, il est probable que je n'aurai pas prévenu, dans votre esprit, une réflexion qui l'occupe peut-être en ce moment. Ce tableau, dites-vous peut-être, tout modéré qu'on ait voulu le faire, n'en est pas moins le tableau de ce qui devrait être plutôt que de ce qui est réellement, car les vertus qu'il retrace, à part les exceptions, n'existent pas plus, hélas! dans les campagnes que dans les villes.

Je m'attendais à cette réflexion, et c'est elle qui va me fournir les deux conséquences pratiques que je voudrais vous faire tirer de tout ce discours.

Sans doute j'ai peint ce qui devrait être plutôt que ce qui est véritablement, et je l'ai fait à dessein. C'est notre rôle, dans cette chaire, de vous rappeler ce qui doit être, comme c'est notre devoir à tous de travailler à le réaliser. Mais ce qui devrait être n'est pas nécessairement; il y faut votre concours, le libre concours de tous. En d'autres termes, ici comme partout, la liberté et la volonté humaines restent sauves; le cœur de l'homme reste, selon la parole profonde de nos livres saints, « la source même de la vie », et aucun milieu, aucune condition extérieure ne peuvent le changer malgré lui. Voilà la première conséquence que je tire de votre objection même, et nous la verrons reparaître plus d'une fois, dans la suite de ces discours, car c'est une vérité trop importante et trop souvent obscurcie pour qu'on ne doive pas s'empresser de la signaler en toute occasion.

Que l'homme subisse, en bien comme en mal, l'influence profonde du milieu dans lequel il vit, voilà ce qui est incontestable, et ce que

l'expérience universelle a de tout temps confirmé. Voilà pourquoi j'ai pu, sans encourir
aucun reproche d'exagération, vous représenter la vie champêtre comme un milieu salutaire
aussi sain pour l'âme que pour le corps.

Mais, d'un autre côté, faire dépendre toute
la moralité de l'homme de ces milieux extérieurs serait une erreur funeste qui n'est, par
malheur, que trop répandue ; ce serait déchar-
ger l'homme de sa responsabilité personnelle,
en ôtant toute liberté à ses actions, toute spon-
tanéité à son caractère, toute initiative à sa
volonté ; ce serait déplacer la base de l'ordre
moral en la transportant du dedans au dehors,
et de la conscience à la fatalité des circonstances extérieures ; ou plutôt, ce serait renverser
cet ordre tout entier, et anéantir l'idée même
du devoir. Or c'est précisément cette grande
idée que je veux mettre partout en pleine évidence, car elle est le foyer lumineux et le
centre régulateur vers lequel tout doit rayon-

ner dans la société comme dans la vie ; elle
est, dans les vues de Dieu, au témoignage de
l'Évangile, le principe et le mobile de tous les
véritables progrès.

Si donc, comme vous le dites et comme je
suis disposé à le croire, les mœurs des habitants des campagnes ne répondent pas au tableau de ce qu'elles devraient être, la nécessité de les ramener à cet idéal n'en devient que
plus urgente, et ils n'en sont eux-mêmes que
plus coupables d'avoir méconnu ou négligé
des vertus et des devoirs que la Providence
avait placés, pour ainsi dire, à la portée de
leur main. Il faut donc leur rappeler ces devoirs, et c'est ce que je ferais, si l'occasion
m'en était donnée, avec toute l'énergie de
parole et de conviction dont je suis capable,
au nom de leurs intérêts présents et éternels,
au nom de ce bonheur si vrai dont ils possèdent tous les éléments, sans savoir en faire
usage, au nom de toutes ces grâces de Dieu

qu'ils laissent perdre par leur faute, ou qu'ils tournent en dissolution par leur infidélité.

Mais ce n'est pas à eux que je m'adresse en ce moment, ni pour eux seuls que je parle. Je m'adresse à vous qui avez d'autres habitudes, qui vivez dans un milieu différent et pour qui, néanmoins, j'ai à tirer de tout ce discours une autre conséquence plus directement et plus immédiatement applicable.

Si, en effet, les mœurs des campagnes ne sont pas ce qu'elles devraient être; si là piété vraie n'y est pas plus honorée, parce que l'ignorance et la superstition en ont usurpé la place; si l'esprit de famille y est aussi altéré par les rivalités cupides qui divisent les parents et les frères; si la simplicité s'y est perdue; si les passions factices de l'ambition et de la vanité y font invasion de toutes parts; si le patriotisme s'y réduit à la mesure d'un vil intérêt; si tous les sentiments y sont remplacés ou dénaturés par un amour sordide de l'argent;

si tout cela est vrai, à qui en est la faute primitive? où est la source empoisonnée d'où la
corruption a coulé? — Que l'expérience universelle réponde; et à son défaut, que ce soit
la conscience, car il n'est pas besoin de connaître l'histoire pour savoir que ce mal qui
ronge les campagnes n'a pas commencé par
elles, ou plutôt pour reconnaître que tous les
membres d'une société sont également solidaires de tout le mal dont celle-ci est travaillée.

Cette solidarité, que tout le monde sent aujourd'hui dans le domaine des intérêts matériels parce que chacun se trouve plus ou moins
frappé dans les siens, cette solidarité que saint
Paul a énergiquement exprimée en disant que
lorsqu'un membre souffre tous les autres
membres souffrent avec lui, je veux vous la
montrer dans sa source et sur son véritable
terrain qui est le monde moral. Oui, nous
sommes tous solidaires du mal comme du bien
dont les conséquences se font sentir à la so-

ciété tout entière. Quand un poison s'insinue dans le corps, peu importe que ce soit par une veine ou par une autre. La circulation du sang a bientôt porté la contagion dans toutes les artères et dans toutes les veines, et la contagion est d'autant plus sûre et plus rapide que le mal a commencé plus près des grands centres de cette circulation. Il en est littéralement de même dans le grand corps social. Là aussi se fait une circulation perpétuelle d'idées et de sentiments, par conséquent de vertus et de vices; là aussi se trouvent de grands centres d'influence destinés, comme le cœur humain, à rendre plus active et plus intense cette circulation d'où naît la vie. Ce sont les cités populeuses; ce sont tous les grands foyers de lumière, d'industrie, de commerce et, en un seul mot, de civilisation. Je vous laisse à décider si ces grands centres d'action spirituelle et morale ont toujours rempli leur mission; si la lumière qu'ils ont fait briller autour d'eux a

toujours été celle des bonnes œuvres, celle
de la moralité, celle de la justice, celle du
patriotisme, celle de la charité chrétienne et
de la véritable piété. — Et s'ils ont exercé, trop
souvent, une influence toute contraire, s'ils
ont donné les premiers et les plus éclatants
exemples de corruption, de vénalité, de sensualité, d'hypocrisie, de frivolité et de licence
dans les mœurs, je vous laisse également à décider la part de reproche et de responsabilité
qui doit en revenir à chacun de nous.

Ou plutôt, si, comme il est vrai et comme
nous l'avons montré précédemment, il n'y a
pas de lésion si petite dans les membres qui ne
se fasse sentir à tout le corps; s'il n'y a pas
une idée fausse, pas un acte honteux ou coupable, pas un vice nourri secrètement, pas une
vertu négligée, en un mot, pas une manifestation de la vie morale des individus qui n'ait
son contre-coup nécessaire dans la société, qui
n'ait une part d'influence dans cette action in-

cessante que les hommes exercent les uns sur les autres, si, dis-je, tout cela est vrai comme il l'est incontestablement, je vous supplie, qui que vous soyez, et quelle que soit, ici-bas, votre place où votre vocation particulière, de ne pas vous considérer comme étrangers dans toutes ces grandes questions. Je vous supplie de vous dire à vous-mêmes que rien, absolument rien, ni dans vos paroles, ni dans vos actes, ni dans vos habitudes les plus intimes, n'est indifférent à la moralité générale. Malheur, dit Jésus-Christ, à celui par qui le scandale arrive! Or le scandale, c'est toute occasion de chute fournie par nous à nos frères. Le scandale, c'est non-seulement l'exemple éclatant et public de la corruption, mais l'exemple, quel qu'il soit, du relâchement dans les principes et de la tiédeur ou de l'indifférence dans les sentiments élevés et généreux par où s'entretient la vie morale des âmes! Oui, dites-vous cela à vous-mêmes et ne vous contentez pas de le dire, mais conduisez-vous d'après ce principe. Conduisez-vous comme des hommes qui se doivent, en effet, les uns aux autres non-seulement une bienveillance et des services mutuels, mais encore et surtout de mutuels exemples d'intégrité et de droiture, de mutuels encouragements dans l'amour et dans la pratique de tout ce qui est saint et bon.

Puissions-nous tous reconnaître et remplir toujours mieux ce grand et noble devoir! puissions-nous travailler de concert à nous inspirer les uns aux autres cette justice qui fait le salut des nations comme celui des individus! puissions-nous la puiser toujours plus abondamment à sa véritable source qui est l'Évangile, dont le règne embrasse à la fois l'avenir des sociétés et celui des âmes, les intérêts du temps et ceux de l'éternité!

V

LE COMMERCE.

LE COMMERCE.

Que personne, en aucune affaire, ne fasse
son profit du dommage de son prochain.

(1 Thessal. iv, 6.)

Les préceptes de l'Évangile ont, à la fois,
ce double caractère, d'être si parfaitement
simples et clairs qu'ils vont, pour ainsi dire,
droit à la conscience de tous, et d'être si profondément vrais que la portée en est immense
et l'application universelle. Tel est celui que
j'ai mis en tête de ce discours : que personne,
en aucune affaire, ne fasse son profit du dommage de son prochain. Quoi de plus simple
et de plus conforme aux premières notions du
sens moral telles qu'elles se rencontrent chez
tous les hommes ? N'est-ce pas ainsi que par-

tout et toujours on a défini la justice? N'est-ce pas ce que la morale la plus vulgaire a universellement sanctionné et se trouve-t-il quelqu'un, parmi nous, qui ne regardât comme une grossière insulte le reproche d'avoir fait tort à son prochain ? — Mais si vous y regardez de plus près, si vous réfléchissez à la portée du précepte et si vous en étendez l'application aussi loin qu'elle peut s'étendre, vous découvrez qu'il embrasse, en réalité, tout le vaste champ des relations humaines dont il exprime une des lois fondamentales; et vous commencez à craindre que la pratique n'en soit pas aussi commune qu'elle semble l'être au premier abord. Si elle l'était effectivement, si nul ne cherchait son profit dans le dommage de son prochain, il est évident que toutes les relations des hommes entre eux se trouveraient, par cela seul, bien réglées, que toutes les rivalités haineuses cesseraient pour faire place à une paix universelle et inaltérable, et

je vous laisse à décider si nous sommes près
d'arriver à un pareil résultat.

Mais je veux restreindre aujourd'hui l'application de ce précepte à celle des grandes
fonctions sociales à laquelle il se rapporte plus
directement, c'est-à-dire à cet ensemble de
transactions qu'on appelle le commerce et qui
consiste dans l'échange mutuel que font entre
eux les membres de la société des divers produits de leur industrie et de leur travail. Cette
fonction qui, en un sens, est celle de tous,
puisque tout, sans exception, est objet d'é-
change parmi les hommes, est encore, dans le
sens plus restreint qu'on lui donne ordinairement, assez étendue et assez importante pour
mériter sa part d'attention et d'intérêt. Elle
est aussi ancienne que celle de l'agriculture,
car toutes les grandes branches du travail humain sont contemporaines, comme le sont,
dans une autre sphère, les fonctions des principaux organes du corps. Elle n'est pas moins

12

importante non-seulement pour la prospérité matérielle des sociétés, mais aussi, comme j'espère vous le montrer, pour leur développement moral.

Ici, je le crains, vos objections ont déjà devancé mes arguments. Au lieu de voir les effets moraux du commerce, vous n'en voyez que les effets corrupteurs. Vous pensez à ces guerres iniques dont il a été l'occasion ou le prétexte entre les peuples et aux rivalités acharnées qu'il a créées entre les individus. Vous pensez à tous les actes de mauvaise foi et aux fraudes de toute espèce qui n'en sont que trop souvent le résultat le plus évident. — Moi aussi, je sais tout cela ; mais, ici encore, avant de considérer ce qui est, considérons ce qui devrait être, selon les vues providentielles de Dieu et selon la nature même des choses. Après quoi, s'il se trouvait que les faits ne répondent pas aux principes, nous aurons à rechercher les causes réelles de cette apparente contradiction.

S'il ne s'agissait que de démontrer l'importance sociale du commerce, la tâche serait aisée et, sur ce terrain, nous serions sûrs de ne
rencontrer aucune objection. Le commerce a
été, dès son origine, un des instruments les
plus puissants de la civilisation, et la société,
telle que les siècles nous l'ont faite, ne pourrait ni se conserver ni même se comprendre
sans lui. Il n'est pas un des objets nécessaires
à la vie de tous, pas un de ceux qui servent
à la nourriture et au vêtement du riche comme
du pauvre, à plus forte raison pas un de ceux
que les habitudes de la civilisation ont rendus
indispensables à notre bien-être, il n'en est,
dis-je, pas un qui ne nous arrive par cette
voie de l'échange et dont nous ne fussions
privés si elle était supprimée. Si chacun était
obligé de se les procurer directement, si cette
circulation des produits du sol et de l'industrie était tout à coup suspendue, la vie sociale
s'arrêterait en même temps; la richesse de-

meurerait stérile; l'industrie serait paralysée, le sol lui-même s'appauvrirait et nous rétrograderions rapidement vers ce prétendu état de nature où chaque individu, confiné dans son isolement et réduit à ses propres forces, luttait péniblement contre un sol ingrat et des éléments ennemis pour leur arracher les grossiers soutiens de sa chétive existence.

Cela est tellement vrai que la prospérité d'un pays est toujours en proportion de cette circulation commerciale et de la facilité des communications qui la favorisent. Là où elle manque, la fécondité la plus exubérante du sol ne peut pas la suppléer et les plus riches produits restent sans valeur comme l'arbre tombé dans une forêt ignorée, comme la mine d'or cachée dans les flancs escarpés d'une montagne inaccessible. Là où elle abonde, au contraire, le sol le plus ingrat se couvre d'habitations, la richesse se multiplie, la terre même prend un autre aspect, et le mouvement de la vie humaine offre bientôt un spectacle qui n'est certes pas sans grandeur.

Représentez-vous une cité populeuse telle que la nôtre. On se sent comme effrayé à la pensée de cette multitude d'êtres humains ainsi resserrés dans un étroit espace qui ne serait pas suffisant pour en nourrir la dixième partie, et on serait tenté, souvent, de se demander comment tout ce monde peut vivre là non-seulement une année ou un mois, mais une semaine, mais un seul jour. Regardez, toutefois. La ruche humaine s'éveille; chacun s'en va à ses affaires; on entre, on sort, on va, on vient, on vend, on achète; le nécessaire et le superflu circulent rapidement de main en main; à la fin de la journée, il se trouve que tout le monde a vécu, et le même mouvement, recommençant le lendemain, reproduit le même résultat.

Agrandissez le cercle. Représentez-vous un vaste pays dont les habitants ne se comptent plus par milliers mais par millions, et vous voyez le même spectacle se reproduire sur une échelle plus vaste. Vous voyez des routes, des canaux, des fleuves, incessamment sillonnés par de nombreux convois de produits et d'hommes que la nécessité des échanges renouvelle à chaque instant et qui circulent ainsi dans toutes les parties de ce grand corps, comme le sang du corps humain dans les artères et dans les veines.

Agrandissez encore votre horizon. Considérez l'échange dans ses proportions les plus vastes, tel qu'il se fait entre les peuples les plus divers, entre les contrées les plus éloignées, et le globe lui-même, avec ses fleuves, ses montagnes, ses bassins, ses mers intérieures et son vaste océan qui l'enveloppe de toutes parts, vous apparaît tout entier comme le théâtre de ces communications mutuelles qui font circuler la richesse et la vie sociales d'un bout à l'autre de notre univers.

Eh bien, vous pouvez agrandir encore ce spectacle déjà si grand. Cet horizon déjà si imposant et si vaste, vous pouvez l'élargir encore. Il suffit, pour cela, de le suivre du regard et de la pensée, là où il vous mène nécessairement, je veux dire, du monde matériel au monde moral, car le monde matériel, si grand qu'il soit, ne suffit pas pour remplir ni même pour expliquer ce prodigieux mouvement de la vie entre les hommes et entre les peuples. Je défie tout homme qui pense de pouvoir s'arrêter là. Je le défie de se résigner à croire que ces innombrables communications créées avec tant de travail et d'efforts par l'intelligence humaine et dont le réseau, étendu sur toute la face du globe, embrassera bientôt l'humanité tout entière, n'aboutissent, en définitive, qu'à porter un peu plus loin et un peu plus facilement ce qu'on appelle le bien-être matériel. — Ce qui fait, au contraire, la vraie grandeur d'un pareil spectacle, c'est la pen-

sée morale que l'esprit y rattache invincible-
ment. N'hésitez pas à vous placer au cœur de
cette pensée, la seule vraiment grande et vraiment féconde, et votre vue portera plus haut
et plus loin. A côté des effets matériels et pal-
pables du commerce, vous apercevrez les effets
moraux qu'il est évidemment destiné à produire. Vous le verrez rapprocher toujours plus
les hommes en étendant parmi eux, de proche
en proche, cette communauté d'intérêts et de
besoins dans laquelle il a trouvé son origine.
Vous le verrez établir entre les habitants d'une
même ville, puis entre tous ceux d'un même
pays, puis entre tous les hommes répandus sur
la terre entière, ces relations pacifiques et ces
habitudes bienveillantes, d'où naissent l'esprit
public, le patriotisme, l'humanité et tous les
sentiments généreux qui alimentent la vie sociale. Vous le verrez abaisser peu à peu toutes
les barrières que l'orgueil, les préjugés, les
différences d'éducation et de climat avaient

élevées entre les hommes. Vous le verrez porter partout avec lui l'esprit de paix sans lequel il ne peut vivre là où régnait l'esprit de guerre qui le tue ou qui l'empêche de naître. Vous le verrez, par la pénétration mutuelle des habitudes et des mœurs entre les nationalités diverses, préparer cette pacifique alliance de toutes les nations, qui doit devenir un jour la fraternité universelle. Vous le verrez, enfin, répandre de proche en proche, avec le bien-être, la civilisation qui en est la source, et servir de véhicule aux idées en même temps qu'aux produits. Oui, ce qui circule perpétuellement sur ces innombrables voies de communication que le commerce a ouvertes, ce ne sont pas seulement les produits du sol et de l'industrie, ce sont encore et surtout les produits de l'intelligence elle-même; ce sont les connaissances accumulées par le long travail des générations; ce sont toutes les idées grandes et fécondes qui peuvent contribuer au bonheur du genre humain, sans en excepter les plus grandes et les plus fécondes de toutes, celles qui éclairent les consciences, celles qui relèvent et régénèrent les âmes en les rappelant à leur divine origine et à leur éternelle destination. Il ne faut pas l'oublier, les relations commerciales ont partout frayé le chemin aux missionnaires du christianisme, et déblayé, pour ainsi dire, le sol devant lui; et ce sont elles, encore aujourd'hui, qui lui préparent de nouveaux triomphes sur tous les lointains rivages où elles vont implanter la civilisation européenne. En sorte que cette grande fonction, qui ne semble, au premier abord, qu'un immense instrument de circulation pour la richesse matérielle, se trouve être aussi en même temps, dans les vues et entre les mains de la Providence, le véhicule de la vie sociale elle-même, c'est-à-dire du progrès spirituel de la race humaine et de l'avénement du règne de Dieu.

Mais, pour produire tous ces bons fruits, il

est une condition indispensable qui domine
toutes les autres et à laquelle le commerce
doit rester subordonné; c'est la loi de l'intégrité et de la bonne foi; la loi si énergiquement exprimée dans ces paroles de l'apôtre:
« Que personne, en aucune affaire, ne fasse
son profit du dommage de son prochain. » Par
elle, le commerce est fécond pour la moralité
comme pour le bonheur des hommes; sans
elle il produit la guerre au lieu de la paix, et
la corruption des sociétés, au lieu de leur
perfectionnement.

En effet, le mobile primitif de tous les
échanges et de toutes les transactions commerciales, comme de toutes les communications
entre les hommes, c'est un intérêt commun qui
se résume, en définitive, pour tous, dans la
nécessité de vivre. Il a fallu, quand le commerce a pris naissance entre deux individus,
entre deux villes, entre deux peuples, il a
fallu, dis-je, évidemment que les deux parties

y trouvassent un profit mutuel, puisqu'elles n'ont cherché, l'une et l'autre, qu'à se procurer ce qui leur manquait, en échange de ce qu'elles avaient de trop. La même condition est nécessaire pour son maintien et, à plus forte raison, pour la moralité de son influence.

Or cette condition ne peut être remplie que si une loi, respectée par les deux parties contractantes, vient régler et sauvegarder leurs droits et leurs intérêts respectifs. Cette loi sera d'abord un simple engagement, une simple convention, écrite ou verbale, entre les deux intéressés, qui déterminera les conditions de l'échange. Ensuite, à mesure que les relations sociales et avec elles les contrats d'échange se multiplieront et se compliqueront davantage, il y aura un ensemble de lois pour régir toutes les affaires de même nature. C'est, vous le savez, ce qui a lieu généralement aujourd'hui, parmi toutes les nations civilisées où la société tout entière fait intervenir le poids et la sanction de son autorité pour garantir la sincérité des contrats entre ses membres. — Mais cela même est insuffisant et il faut, de toute nécessité, remonter plus haut. Outre que les lois générales ne peuvent prévoir tous les cas avec une précision parfaite; outre que leur multitude même en rend l'interprétation souvent douteuse; outre qu'un recours perpétuel à leurs décisions entraînerait des lenteurs inévitables que la célérité des affaires et le mouvement rapide de la circulation ne comportent pas, vous n'ignorez pas qu'il y a mille manières de les éluder et d'en violer l'esprit, sans cesser, en apparence, d'en respecter et d'en accomplir la lettre. Personne, certes, ne traiterait volontiers avec un négociant dont la moralité ne serait garantie que par la possibilité d'un recours aux tribunaux. Il faut donc ici une loi supérieure que les autres supposent toujours, et sans laquelle elles resteraient toujours impuissantes. Une loi écrite, non sur le papier ou dans le Code, mais dans la conscience et dans la mutuelle bonne foi des contractants, dans leur respect mutuel pour les droits d'autrui, et dans leur mutuelle justice. Ayez cela et vous avez tout; vous avez la sécurité du commerce et, avec elle, tous les bons fruits qu'il est destiné à produire. — Otez cela, au contraire, et les meilleures lois restent inutiles, et le commerce, en grand comme en petit, n'est plus qu'une guerre à ruse, si ce n'est à force ouverte, où les hommes et les peuples ne cherchent qu'à faire leur profit du dommage de leur prochain, et la société, dont il devait lier plus étroitement toutes les parties, n'y trouve qu'un dissolvant d'autant plus corrupteur, qu'elle le boit et l'absorbe, pour ainsi dire, par toutes les veines et par tous les pores.

En voulez-vous une preuve qui se présente souvent et qui est à la portée de tous? Remarquez les fluctuations de ce qu'on appelle le crédit. Le crédit tient, sans doute, à un ensemble de conditions dont je n'ai pas à m'occuper ici; mais il repose, en définitive, sur la condition fondamentale dont nous parlons. Il n'est pas autre chose, au fond, que la foi de l'homme dans l'homme. Que cette foi vienne à manquer, par une cause ou par une autre, par une guerre, par une révolution, ou même par une répétition trop fréquente de déceptions et de tromperies réciproques, à l'instant vous voyez la circulation se ralentir, le mouvement des affaires diminuer, le trésor public s'appauvrir rapidement comme celui des particuliers, et les valeurs les plus réelles se déprécier ou s'anéantir comme si elles avaient été dévorées par l'incendie ou livrées au pillage et à la dévastation.

Cet effet, qui se produit avec éclat dans les grandes crises sociales, est plus latent et plus inaperçu tant qu'il se passe à l'ombre de la vie privée; mais il n'en est pas, pour cela, moins réel ni moins désastreux. Les faits sociaux ne sont, après tout, que les faits particuliers accumulés et rendus, par là, plus évidents. La corruption générale n'est qu'une conséquence et une manifestation de la corruption privée. Tout homme qui porte atteinte, en ce qui le concerne, à la grande loi dont nous parlons, tout homme qui cherche, n'importe comment, son profit personnel dans le dommage de son frère, non-seulement fait une de ces œuvres mauvaises dont il lui sera demandé compte; mais il ébranle les fondements sur lesquels la société est assise, et il contribue à grossir « ce trésor d'iniquité » qui éclate, tôt ou tard, comme le tonnerre ou l'ouragan. — Et je ne parle pas seulement de ces iniquités criantes qui révoltent la conscience universelle, je ne parle pas seulement de ces profits scandaleux que réprouve le simple esprit mondain; il n'y a pas d'iniquité si petite qui ne porte son fruit de corruption et de mort; il n'y a pas de profit illégitime si caché et si dissimulé qu'il puisse être aux regards des hommes, qui ne répande une sourde contagion de défiance mutuelle et de mutuelle mauvaise foi ; il n'y a pas un acte de déloyauté, dans les relations les plus intimes et les plus obscures de la vie privée, qui ne contribue à l'abaissement de la moralité générale. Car, premièrement, quand vous avez franchi une fois, dans un intérêt quelconque, la limite qui sépare le juste et l'injuste, quand vous avez, une fois, abaissé, selon les besoins du moment, le niveau de la justice parfaite, où est la raison pour que vous vous arrêtiez vous-même sur cette pente glissante ? — Mais, secondement, et surtout, où est la raison pour que d'autres, armés de vos prétextes et de vos exemples, ne descendent pas plus bas encore, et toujours plus bas, dans cette large voie de la corruption, jusqu'à éteindre toute notion d'équité et de droiture, jusqu'à se faire un jeu de mentir, de tromper, de pressurer le prochain pour de l'argent, jusqu'à tourner en dérision et en moquerie la sincérité des transactions et la loyauté des contrats? Je vous laisse à décider si on n'est pas arrivé, réellement, jusque-là. Je vous laisse à décider jusqu'à quel point, et en combien de manières, cette règle si claire et si simple de la justice est journellement foulée aux pieds. Je vous laisse à décider, enfin, jusqu'à quel point chacun peut se dire et se croire irresponsable de cette corruption que tout le monde signale, de cette mauvaise foi dont tout le monde se plaint.

Mais j'ai peur qu'au lieu de méconnaître la vérité de toutes ces réflexions, vous n'en preniez trop facilement votre parti. J'ai peur que vous ne disiez : Que voulez-vous? tout cela est dans la nature des choses; l'intérêt personnel est ainsi fait; et puisqu'il est, après tout, le premier mobile du commerce, comme de toute activité humaine, il faut bien en accepter les inévitables conséquences. — Mais quoi! en serions-nous donc réduits là? L'homme serait-il fatalement entraîné au mal par des penchants irrésistibles ou par des circonstances extérieures? La grâce de Dieu ne serait-elle qu'un vain mot et la liberté morale qu'une chimère? N'avous-nous autre chose à faire qu'à vous croiser stoïquement les bras et à laisser le monde aller son train, en répétant cette égoïste parole : « Il durera bien autant que moi ? » — Ah! si cet égoïsme nous révolte, si les mots de repentance, de justice, de sainteté répondent à un besoin profond de notre âme, n'hésitons pas à signaler le mal partout où il se rencontre, et à le poursuivre partout jusque dans les replis les plus chers et les plus cachés de notre propre cœur.

Vous dites que ce sont là les conséquences naturelles et nécessaires de l'amour du gain?

— Qu'est-ce que cela prouve, si ce n'est que le cœur de l'homme ne doit pas être livré à l'empire exclusif d'un pareil mobile, mais qu'il faut l'ouvrir à des inspirations plus généreuses et à des sentiments plus élevés? — Vous dites que le cœur humain est ainsi fait et que c'est à lui qu'il faut s'en prendre?—Qu'est-ce que cela signifie si ce n'est que l'Évangile a donc bien raison de s'adresser, avant tout, au cœur, pour le garder, pour le purifier, pour nourrir soigneusement cette vie morale dont il est la source?

Oui, le mal vient de cet amour désordonné du gain qui envahit toutes les conditions et qui fait trouver tous les moyens légitimes, pourvu qu'on atteigne le but. Voilà pourquoi il faut prêcher une autre doctrine que celle de l'égoïsme et des intérêts matériels; voilà pourquoi il ne faut pas se lasser de répéter : « Que l'homme ne vit pas seulement de pain ; que l'homme à qui les biens abondent n'aura pourtant pas la vie par ces biens ; que la piété avec le contentement d'esprit et la paix de la conscience est un gain bien autrement important, dont il faut aussi lui faire sentir le prix. — Oui, encore, c'est le cœur de l'homme qui est le coupable et non la fonction qu'il remplit, car il n'y a pas des métiers malhonnêtes, mais de malhonnêtes gens. — Voilà pourquoi, tandis que le monde est toujours plus ou moins disposé à reléguer la morale dans le cercle étroit de quelques vertus privées qui ne sont pas de mise partout, nous n'hésitons pas à affirmer, avec une pleine conviction, que les plus graves questions dont l'humanité est, à bon droit, préoccupée, se résument, à tout prendre, dans une question morale, dans une question de vice et de vertu, dans une question de repentance, de régénération intérieure et de progrès spirituel.

Il est d'autant plus nécessaire de dire cela que les chrétiens eux-mêmes ont trop souvent accrédité l'opinion contraire, en reléguant la morale religieuse dans une sphère distincte, en la renfermant dans l'enceinte de ses temples et de ses symboles, en montrant même, quelquefois, un imprudent dédain pour ce qu'on appelle les vertus humaines et les devoirs communs de la vie ; comme si la religion vraie ne consistait pas précisément dans la pratique plus constante et plus parfaite de ces vertus et de ces devoirs. — Gardez-vous de croire, par exemple, qu'il soit peu convenable de faire descendre la religion et le christianisme dans ces vulgaires détails de la loyauté des contrats et de la probité commerciale. « Il est d'une grande importance, a dit un homme profondément versé dans la connaissance de l'Évangile et dans l'expérience du cœur humain, il est d'une grande importance que les chrétiens apprennent à être strictement honnêtes ; et je dis par là plus qu'on ne pense peut-être ; c'est une grande chose que d'être strictement honnête. » Oui, certes, c'est une grande chose et pres-

que aussi rare que grande; rare, non-seulement dans le monde, mais parmi ceux mêmes
qui font profession de religion? Où la trouver,
cependant, si on ne la trouve pas parmi les
chrétiens? où trouver cette droiture parfaite,
dont le monde a si grand besoin, même pour
le bonheur temporel des sociétés, si les chrétiens qui font profession d'aspirer à un autre
bonheur et à de plus hautes espérances ne lui
donnent pas cet exemple, en s'abstenant scru-
puleusement des plus petites injustices, en ne
cherchant point exclusivement leur propre intérêt, mais celui de tous, afin que tous soient
« édifiés dans la charité ? » N'en doutez pas,
c'est la véritable mission du chrétien dans le
monde, de donner au monde, en toutes
choses, l'exemple des vertus dont il a besoin;
et quand il ne donne pas cet exemple, ou
quand il en donne de contraires, non-seulement il manque à ses propres devoirs, comme
chrétien, mais il expose au mépris le christia-

nisme lui-même, en faisant douter de l'efficacité de son influence pour la régénération morale des âmes.

Disciples de l'Évangile, justifiez-le de ces reproches immérités. Hommes religieux qui faites profession de la foi chrétienne et qui attendez d'elle seule le salut du monde aussi bien que celui des âmes, ne l'exposez donc pas à être méconnue ou blâmée dans votre personne; montrez-la réellement vivante et féconde par votre propre exemple; aussi féconde pour les vertus publiques que pour les vertus privées; aussi féconde pour la justice « qui élève, ici-bas, les nations, que pour celle qui sanctifie les individus; ou plutôt montrez, par votre exemple, que ces deux justices n'en font qu'une aux progrès de laquelle toutes choses ensemble doivent concourir, et qui est, sur la terre comme dans le ciel, le caractère essentiel et distinctif du règne de Dieu !

VI

LES BEAUX-ARTS.

LES BEAUX-ARTS.

> J'ai recherché en moi-même les moyens de me traiter délicatement ; je me suis fait des choses magnifiques, des maisons, des jardins, des vergers, des réservoirs d'eau ; je me suis amassé de l'argent et de l'or, et des plus précieux joyaux ; je me suis acquis des chanteurs et des chanteuses, et les délices des hommes, et une harmonie de toutes sortes d'instruments. Mais ayant considéré toutes mes œuvres et tout mon travail, voici : tout est vanité et rongement d'esprit.
>
> (Ecclés. ii, 3-11.)

L'humanité a fait comme Salomon. Quoique « tout son travail soit, en apparence, pour sa bouche, » suivant l'énergique expression de l'Ecclésiaste, c'est-à-dire quoique les nécessités de la vie soient le premier mobile de son activité, « cependant, son désir n'est jamais assouvi, » ni son travail terminé ; après le nécessaire, elle veut le superflu ; après l'utilité, la jouissance ; après les arts indispensables, les arts de luxe et d'agrément. Il n'est pas un chrétien, même parmi les plus rigides et les plus austères, qui n'ait fait à cet égard, jusqu'à un certain point, comme Salomon et comme l'humanité. Il n'en est pas un qui ne participe plus ou moins directement à ces arts et aux jouissances qu'ils procurent, et qui n'en ressente aussi, par conséquent, l'influence bonne ou mauvaise.

La réalité de cette influence ne pouvant être contestée par personne, il s'agit d'en apprécier la nature. Cette question rentre naturellement dans le cercle de celles dont nous avons entrepris l'examen, et si quelqu'un croyait que la morale chrétienne ne peut rien avoir de commun avec un pareil sujet, il se tromperait étrangement. Le christianisme, ne l'oublions pas,

est profondément humain ; aucune branche de
l'activité humaine ne peut lui être indifférente.
Le christianisme, considéré dans son essence,
est l'abolition du péché et l'avénement du
règne de la justice. Nous sommes donc pleinement fidèles à son esprit, nous restons, pour
ainsi dire, dans le grand courant de l'idée chrétienne, en poursuivant, comme nous l'avons
entrepris, son application dans les situations
diverses où peut se trouver ici-bas une âme
d'homme.

Les beaux-arts, considérés soit dans leurs
effets, soit dans leur principe, vont nous fournir une de ces applications fécondes, et ce ne
sera pas la faute de la matière si nous ne savons pas en tirer de grandes et salutaires leçons.

Les beaux-arts tiennent, par leur nature et
par leurs résultats immédiats, à cet ensemble
de jouissances qu'on appelle le luxe. Mais il est
difficile, pour ne pas dire impossible, de dé-

terminer la limite précise où le nécessaire finit et où le luxe commence, car ces deux dénominations sont évidemment plutôt relatives qu'absolues. Tel objet qui aurait été considéré comme luxe dans un siècle devient, dans un autre siècle, un objet de première nécessité. Il y a, encore aujourd'hui, telle peuplade parmi laquelle le pain, cet aliment presque universel des nations civilisées, passerait pour objet de luxe; et, d'un autre côté, il n'y a pas de sauvage si misérable à qui le goût naturel de l'amusement et de la parure n'ait inspiré les premiers rudiments d'un luxe grossier qui est lui-même comme l'enfance de l'art. — J'appelle donc arts de luxe ou beaux-arts ceux qui ont pour objet, non la satisfaction des besoins de première nécessité, mais une jouissance d'une nature plus relevée et en quelque sorte plus spirituelle, dans laquelle l'utilité immédiate est subordonnée à cet instinct du beau que tout homme porte en lui-même naturelle-

ment, et qui a sa part légitime dans le développement régulier de l'humanité.

Mais cette part, quelle est-elle? quelle est
l'influence morale de ces arts dans l'ensemble
du progrès général? Grande question, souvent
traitée, jamais pleinement résolue.

Les uns, considérant l'accroissement de bien-
être et de prospérité matérielle qui accompagne
le développement des beaux-arts dans une nation, n'ont pas eu assez d'éloges pour en glorifier l'influence. — Les autres, considérant que
cette prospérité matérielle avait été suivie chez
tous les peuples d'une rapide décadence, en
ont imputé la faute à ces mêmes beaux-arts,
dont ils ont maudit l'invention. — Je n'imiterai
ni les uns ni les autres. Je rechercherai, sans
prévention, le bien et le mal, et je le dirai avec
impartialité, me réservant aussi de rechercher
et de signaler les véritables causes de l'un et
de l'autre.

Il y a, dans toute œuvre humaine, indépen-

damment de son utilité immédiate, une satisfaction intérieure inhérente à l'œuvre même et
proportionnée à sa plus ou moins grande perfection. Cette jouissance est légitime autant
qu'elle est naturelle; elle a quelque chose de
désintéressé, et, pour ainsi dire, d'immatériel,
qui élève l'âme; elle est un des fruits les meilleurs et les plus sanctifiants du travail; elle est
comme le chant de triomphe de l'esprit dans sa
lutte avec la matière. — Or, ce triomphe ne se
montre nulle part plus complet et plus éclatant que dans les créations de ce qu'on appelle
les beaux-arts; dans ces œuvres où la matière
a été tellement vaincue qu'elle semble s'effacer et s'évanouir devant la grandeur ou la beauté
de l'idéal qu'elle représente.

Quand vous entrez, par exemple, dans un
de ces édifices majestueux où s'est incrustée,
sous le ciseau de l'architecte, la pensée religieuse d'un autre temps, vous ne pensez ni à
ces matériaux énormes rassemblés par la main

de l'homme, ni aux efforts accumulés des générations évanouies qui ont concouru à ce travail, mais vous vous sentez saisi et dominé par
cette pensée puissante de l'infini dont l'expression toute spirituelle s'est désormais iden-
tifiée avec la pierre muette et morte. — Quand
vous écoutez, dans le silence du recueillement,
quelqu'une des grandes créations de cet art
enchanteur qui a trouvé le moyen de traduire,
par des sons, les pensées les plus profondes
et les sentiments les plus intimes de l'âme,
vous ne pensez ni aux ondulations sonores de
l'air, ni à la matière des instruments dont la
mélodie charme votre oreille, mais vous êtes
tout entier sous l'impression de cette langue
merveilleuse qui sait se faire entendre de si
près à l'âme, sans le secours de paroles arti-
culées. — Quand vous admirez un de ces
tableaux où les grandes scènes de la nature,
de l'histoire et de la vie semblent revivre sous
le pinceau des grands maîtres, la pureté du

dessin, l'illusion de la perspective, l'éclat et l'harmonie des couleurs, ne sont à vos yeux que le voile transparent d'une grande pensée ou d'un grand sentiment qui, de l'âme de l'artiste, passent encore aujourd'hui dans la vôtre. — Tel est le but direct et tel est aussi l'effet naturel de toutes les œuvres d'art. Tel est surtout le but de cet art suprême qui domine et inspire tous les autres, et qui, sous le nom général de littérature ou de poésie, a été partout, dans tous les temps et chez tous les peuples, en possession des plus grands hommages et des plus vives admirations. Toutes ces créations diverses du génie humain, qui ont le beau pour objet, se résument, en définitive, dans une impression toute spirituelle qui ne peut avoir, en elle-même, rien de condamnable, rien qui ne tende, au contraire, à élever l'âme, à purifier le cœur, à élargir l'horizon de l'esprit comme celui de la vie, rien, par conséquent, qui n'entre légitimement dans le développement normal et progressif de l'humanité.

Le premier résultat de l'expérience, le premier effet des jouissances de cette nature, sur les individus comme sur les peuples, confirme cette assertion générale, bien loin de la démentir. Chez ceux qui les cultivent spécialement, les beaux-arts donnent à la pensée plus d'essor, à l'âme plus d'élévation et de grandeur, au caractère je ne sais quelle sève généreuse qui semble n'avoir besoin que d'être bien dirigée pour produire les plus heureux fruits. — Chez les peuples qui les honorent, les beaux-arts adoucissent les mœurs, apaisent toutes les passions violentes, répandent, dans toutes les relations humaines, une mansuétude et une bienveillance auparavant inconnues; ils nous apparaissent, dans toute l'antiquité, comme un des plus puissants instruments de la civilisation générale, comme les premiers éducateurs du genre humain; ils justifient pleinement le nom d'arts libéraux qu'on leur donne en affranchissant les hommes de l'ignorance, de la barbarie, de la férocité des instincts grossiers et matériels ; et certes, entre deux peuples dont l'un serait passionné pour les chefs-d'œuvre de la poésie, tandis que l'autre ne se délecterait, dans ses orgueilleux loisirs, qu'à voir couler le sang sous la dent des bêtes féroces ou sous le glaive des gladiateurs, la supériorité morale, au moins à cet égard, ne saurait demeurer douteuse pour personne.

Malheureusement, à ces résultats salutaires il faut en ajouter de bien différents qu'un rapporteur impartial ne saurait dissimuler, et qui n'ont justifié que trop souvent ces amères paroles de Salomon : « Voici, quand j'ai considéré tout ce travail de mes mains, même le plus excellent, j'ai trouvé que tout est vanité. »

D'un côté, en effet, la culture des beaux-arts, par le développement exagéré ou exclusif qu'elle donne à l'imagination, peut l'entraîner aux écarts les plus étranges. De l'autre, par l'éclat même qui s'y rattache naturellement, elle tend à développer dans les âmes une immense, une insatiable vanité. Malheur à celui qui, laissant exalter son imagination par cette pâture exclusive, subordonne ainsi le but aux moyens, l'essentiel à l'accessoire, les devoirs sérieux de la réalité et de la vie à ce qui n'en devrait être, dans tous les cas, que la parure et l'ornement! Malheur à lui surtout, quand il se laisse enivrer par cette fumée de la gloire qui n'est, à tout prendre, qu'une sensualité de l'orgueil et un aliment à l'idolâtrie de soi-même! Outre qu'il se prive, par là, des jouissances les plus vraies qui sont aussi les plus paisibles et les plus modestes, il creuse chaque jour, sous ses pas et son âme, un vide qui ne sera jamais comblé, et ces deux guides aveugles, l'imagination et la vanité, le conduisant peu à peu d'égarement en égarement et d'abîme en abîme, il retombera, tôt ou tard, des hauteurs de son idéal, sur les plus misé= rables et peut-être sur les plus viles passions.

Cet effet désastreux de la culture exclusive des arts ne tardera pas à se répandre, de proche en proche, sur tous ceux qui en jouis= sent. Car, si elle adoucit les mœurs, il faut bien reconnaître qu'elle les amollit en même temps, précisément parce qu'elle favorise le goût des jouissances, en multipliant les moyens de le satisfaire. Puis, par une réaction néces= saire des mœurs sur les arts, ceux-ci ne tardent pas à se corrompre. Au lieu d'une jouissance élevée, on n'y poursuit plus qu'une jouissance immédiate et, par cela même, plus grossière. Le sens moral qui en faisait le charme et le prix s'en sépare toujours plus. Le type idéal de la beauté suprême, objet de ses premières aspirations, est remplacé par des types plus faciles et plus vulgaires. On idéalise le laid. On parle aux sens plutôt qu'à l'âme. On ne

cherche plus qu'à étonner, qu'à surexciter,
par des moyens mécaniques, une curiosité
blasée. L'art, réduit à n'être plus qu'un instrument de plaisir pour les uns et de lucre
pour les autres, devient de plus en plus sen-
suel et de plus en plus vénal, jusqu'à ce qu'il
aille se perdre, enfin, et se matérialiser complétement dans une nouvelle barbarie pire,
peut-être, que celle d'où les hommes étaient
sortis, parce qu'au lieu d'annoncer l'aurore du
jour et de la vie, elle n'est plus que l'avant-
coureur des ténèbres et de la mort.

Ce tableau, non plus que le premier, n'est
pas de mon invention, et je n'en ai pas chargé
les couleurs. Il s'est réalisé bien souvent, dans
l'histoire de tous les peuples, et il est à craindre qu'il ne se réalise plus d'une fois encore,
pour d'autres peuples et pour d'autres temps.

Que dirons-nous donc et quelle conséquence
tirerons-nous de ces faits, en apparence, con-
tradictoires ? En reviendrons-nous à maudire

les arts après les avoir glorifiés, à les déclarer abominables et funestes, après les avoir déclarés légitimes et saints? Ou bien nous résignerons-nous tristement à reconnaître l'image fidèle de l'humanité dans ce personnage infortuné de l'antique Fable, qui, après avoir élevé, par de longs efforts, un rocher énorme sur une haute montagne, le voyait retomber, aussitôt, de tout son poids, jusque dans la plaine, pour recommencer, sans terme et sans fin, cet accablant et inutile labeur?

Ces deux conclusions ne seraient pas plus vraies ni surtout plus consolantes l'une que l'autre. La première trancherait brutalement la question sans la dénouer, et supprimerait, au grand détriment de tous les autres, un des éléments nécessaires du progrès de la civilisation. La seconde nous condamnerait à marcher dans une voie sans issue, à tourner éternellement dans le cercle jamais fermé de nos fautes et de nos misères. — Ni l'une ni l'autre n'est conforme à l'esprit de l'Évangile. L'Évangile ne mutile pas ainsi la nature humaine, il veut, au contraire, la faire vivre dans la plénitude de sa vie. Il ne condamne, dans toutes les choses du monde, que le mal qui est en elles, et quand il nous signale ce mal, ce n'est pas pour que nous le subissions lâchement, mais pour que nous apprenions à le guérir. Le mal, en effet, n'est pas dans les choses mêmes, mais dans l'abus que nous en faisons par notre volonté déréglée. — Oui, c'est en vain que notre orgueil se révolte contre cette conclusion; le mal est dans l'homme lui-même. Si les arts, comme le commerce, comme l'industrie, comme tous les autres produits de son activité, exercent souvent une influence corruptrice au lieu de l'influence salutaire que leur destinait la Providence, c'est qu'ils trouvent, dans son propre cœur, une semence de corruption toujours prête à éclore, un foyer permanent de sensualité, de vénalité, d'orgueil et d'égoïsme qui n'a besoin que d'une occasion pour éclater et qui peut se faire un aliment impur des choses les meilleures et les plus saintes ; c'est que ce pauvre cœur est lui-même le théâtre d'une lutte incessante entre le bien et le mal, et que plus il est riche en lumières, en talents, en forces de toute nature, plus il a besoin « de se revêtir de toutes les armes de Dieu pour rester vainqueur dans le bon combat. » Quand il ne fait pas cela, tous les progrès apparents sont en pure perte, et les meilleurs aliments se tournent pour lui en poisons. — Voilà ce qui explique la décadence et la ruine de toutes les civilisations éteintes. Elles ont péri parce que leur base morale n'était ni assez solide ni assez large, et il en sera de même toujours. Pour savoir le destin réservé à la nôtre, il ne s'agit pas de s'étourdir sur l'étendue de ses lumières, et sur la valeur de ses conquêtes : il s'agit de savoir si l'homme moral y est devenu plus fort, si le christianisme dont

elle se réclame l'a véritablement pénétrée, s'il
a détruit, ou du moins affaibli, dans les âmes,
l'empire du mal et du péché en raffermissant
celui de la justice. Voilà l'éternelle question à
laquelle nous sommes ramenés toujours. Voilà,
pour la société comme pour les âmes, la première, l'indispensable condition de la vie et du
salut.

Voilà aussi le but suprême auquel il faut
subordonner la culture des beaux-arts aussi
bien que toutes les autres manifestations de
l'activité humaine. Il faut les cultiver dans la
limite de leur importance relative et de leur rapport naturel avec le développement harmonieux
de l'ensemble. Il faut donner à l'imagination
la part légitime qu'elle réclame, sans lui permettre jamais de se soustraire à la souveraineté
absolue de la raison et de la conscience, sans
livrer jamais à ses caprices désordonnés les
grandes réalités de la vie. On qualifie d'insensé, et avec justice, l'homme qui se prive

du nécessaire pour satisfaire son luxe vain. Or, l'imagination est, en quelque sorte, le luxe des intelligences, et dans l'ordre moral comme dans l'ordre matériel, il n'est permis de penser au superflu que lorsqu'on a pourvu d'abord à l'indispensable. S'il est vrai que l'humanité, non plus que l'individu, ne vit pas seulement de pain, il est plus vrai encore qu'elle ne saurait vivre seulement d'imagination et d'art, et il n'est pas étonnant que cette pâture exclusive ne suffise ni à sa moralité ni à son bonheur.

Il faut, enfin, contenir dans de justes bornes cette recherche passionnée de l'éclat et de la gloire qui accompagne d'ordinaire la culture des beaux-arts, et qui, sous le nom vulgaire de vanité, est un des agents les plus corrupteurs du cœur humain. C'est la vanité qui pervertit les dons de l'imagination en exagérant leur importance. C'est la vanité qui dénature le principe des beaux-arts en substituant une vérité de convention et de mode à la vérité idéale. C'est la vanité qui infiltre son poison dans toutes les jouissances du luxe et qui les fait servir ainsi d'occasion ou de prétexte aux rivalités jalouses, aux ambitions désordonnées et à tous les sentiments haineux, perturbateurs de l'ordre social comme du bonheur individuel. Il faut prémunir les âmes contre cette fatale contagion. Il faut honorer les arts sans les adorer. Il faut se défendre de cette grossière idolâtrie pour ce qu'on appelle le talent, qui n'est ni plus légitime ni moins corruptrice que celle du pouvoir et de la fortune. Il faut se souvenir que tous les talents, quels qu'ils soient, ne sont, après tout, que des dons de Dieu; qu'ils sont tous, au même titre, justiciables de son autorité et subordonnés à sa loi sainte, et que celui qui les a reçus ne peut avoir, en aucun cas, le droit de s'en servir, comme d'un piédestal, pour son orgueil.

C'est une étrange erreur, en effet, c'est un préjugé bien funeste que de faire, à tous ceux

qu'on appelle artistes, une position exception-
nelle qui les met, pour ainsi dire, en dehors
du droit commun, qui les livre à tous les caprices de l'imagination sous prétexte d'en fa-
voriser l'essor, et à tous les enivrements de la
vanité sous prétexte de récompenser et d'encourager les talents. Vous, à qui l'amour du
beau fait battre le cœur, vous à qui la gloire
de l'art est chère, n'acceptez pas une exemption
qui le déshonore et qui vous abaisse vous-
mêmes au rang d'amuseurs frivoles du genre
humain. Il n'y a de grandes choses, même
dans le domaine de l'imagination, que celles
qui se prennent au sérieux et qui profitent, en
définitive, à la dignité humaine. Le véritable
honneur et la véritable gloire sont à ce prix,
dans toutes les conditions, et vous ne pouvez
pas, quoi que vous fassiez, les conquérir autrement dans la vôtre.

Mais ceci nous regarde tous, car nous sommes tous plus ou moins complices du préjugé

que je combats. Nous avons tous participé plus
ou moins à cette idolâtrie des talents qui est
la cause principale de leurs égarements et de
leurs abus. D'ailleurs, les arts ne sont, après
tout, dans leurs créations diverses, qu'une
expression des mœurs générales auxquelles ils
empruntent, en réalité, toutes leurs inspirations,
et dont ils trahissent ainsi le secret. Considérez,
par exemple, cet art suprême, le plus relevé et
le plus répandu de tous, celui qu'on appelle
littérature et qui a pour expression la parole
écrite. Il a reçu, d'abord par l'invention de
l'imprimerie, puis par la publicité quotidienne,
une extension et une influence prodigieuses.
Par lui, les idées et les sentiments se commu-
niquent, avec la rapidité de l'éclair, d'un bout
à l'autre du monde civilisé, et forment, entre
les esprits, comme un courant continu, comme
une atmosphère vivante qui les rapproche, qui
les pénètre, qui réagit incessamment des unes
sur les autres. Puissance merveilleuse que rien

n'arrête, que rien n'enchaîne, « qui ne retourne jamais sans effet, » non plus que la parole de Dieu, mais qui tantôt éclaire et tantôt brûle, tantôt édifie et tantôt renverse, tantôt fait vivre et tantôt fait mourir les esprits dont elle est le commun aliment.

Si cette puissance redoutable n'est pas toujours salutaire; si les innombrables créations de la littérature propagent autant de mal que de bien; si le courant spirituel qui circule entre les esprits entraîne trop souvent des débris impurs; si l'aliment des âmes se change trop souvent en poison, à qui faut-il en imputer la faute ? — Aux auteurs ? — Sans doute, ils porteront leur part, une lourde part de la responsabilité, et je ne voudrais pas, pour toutes les gloires de la terre, avoir à rendre compte d'un talent ainsi profané. Mais ces auteurs, qui les encourage et qui les inspire ? Qui les excite à s'affranchir peu à peu de toute règle et de tout frein, à caresser des instincts mau-

vais, à surexciter les passions charnelles, à
écrire, en un mot, des livres dangereux et
corrupteurs ? — Qui, si ce n'est tous ceux dont
ils veulent, par là, flatter les goûts et captiver
les suffrages, tous ceux qui, pour amuser leurs
loisirs, pour réveiller une curiosité émoussée,
pour stimuler peut-être des passions éteintes,
se délectent imprudemment à ces lectures em-
poisonnées ?

Je pourrais en dire autant de tous les arts et
de toutes les œuvres que l'art enfante. Toutes,
sans exception, sont, en quelque sorte, le
produit d'un travail collectif auquel le travail
individuel vient donner seulement sa dernière
forme. C'est l'imagination de tous qui fournit
à l'imagination d'un seul les traits et les couleurs dont elle pare son œuvre ; c'est dans la
vanité de tous que s'inspire et s'alimente la
vanité de chacun. Ce sont les mœurs générales
qui impriment leur direction aux beaux-arts
comme à tous les travaux humains ; et dans

cette réaction perpétuelle du travail sur les mœurs et des mœurs sur le travail, c'est à peine s'il est possible de discerner le point de départ de l'impulsion primitive.

Quand donc comprendrons-nous cela? Quand comprendrons-nous qu'il en est des maladies de l'âme comme de celles du corps où un membre ne peut souffrir sans que tous les autres ne souffrent avec lui, en sorte que là où la corruption a pénétré, chacun doit se frapper la poitrine, sans attendre qu'un nouveau Nathan vienne lui dire comme à David : « C'est toi qui es cet homme-là, » tu as touché à cet interdit; tu as trempé dans cette infidélité? Quand comprendrons-nous, enfin, que tous les hommes sont véritablement solidaires les uns des autres, qu'ils ne peuvent pas dire comme Caïn : « Je ne suis pas le gardien de mon frère, » et que le mal étant venu de tous, il faut aussi que le remède vienne d'un élan universel vers le bien ?

Mais cet élan, Seigneur, tu peux seul le provoquer. Seul, tu peux réparer et guérir, sanctifier et sauver par une nouvelle effusion de ton Esprit dans le monde et dans les âmes. Nous avons tous et toujours besoin de ce secours ; mais nous en avons surtout besoin aujourd'hui. L'humanité est arrivée à une de ces époques décisives et solennelles où, dans l'enivrement de ses triomphes, elle chancelle, en effet, comme un homme ivre, et semble avoir perdu le fil conducteur. Après avoir conquis ce monde que tu lui avais donné pour domaine, elle le tourmente en tout sens pour en arracher des jouissances infinies que la matière ne pourra jamais lui donner. Après avoir morcelé cette vérité éternelle que tu lui avais offerte pour aliment, elle se fatigue et se consume à la peine pour en ressaisir l'unité brisée. Dieu de lumière et de vérité, accomplis toi-même ce miracle. Rassemble dans leur divin foyer ces rayons épars. Dirige tous les yeux

et tous les cœurs vers cette beauté suprême,
vers cette suprême perfection qui pourra seule
apaiser et satisfaire l'éternelle aspiration de nos
âmes !

VII

LA SCIENCE.

LA SCIENCE.

> La vie même sans science n'est pas une chose bonne.
>
> (Proverbes, xix, 2.)

La science dont il s'agit dans cette maxime, comme dans toutes les maximes analogues du livre des Proverbes, est, évidemment, celle qui rend l'homme plus sage et meilleur, puisque Salomon la met en opposition, non pas avec l'ignorance, mais avec la folie et la perversité de l'homme « qui ne sait pas diriger ses pas et dont le cœur se dépite contre l'Éternel. » Mais, comme toute science vraiment digne de ce nom doit aboutir, en définitive, à ce suprême résultat, je n'hésite pas à prendre, dans son sens le plus étendu, la maxime de Salomon, et

je viens vous parler des bienfaits de la science
en général, principalement de ceux qui se
rapportent à son influence morale sur la vie
humaine.

Cette simple assertion a trouvé, je le sais,
et trouvera peut-être encore des contradicteurs.
On a contesté ces bienfaits de la science; on
est allé même, par opposition, jusqu'à vanter
ceux de l'ignorance et à exalter, sous ce rapport, les siècles passés, aux dépens du siècle
présent. Je n'entrerai pas dans ces stériles débats où chaque adversaire peut se donner le
plaisir et l'apparence du triomphe en n'ouvrant
les yeux que sur les faits qui paraissent favorables à sa cause, et en les fermant sur tous
ceux qui lui sont contraires. Je prendrai la
question de plus haut, en dehors de toute passion, de tout préjugé, de tout parti pris et dans
la nature même des choses. Une fois les principes bien posés, les faits s'expliqueront d'eux-
mê es naturellement.

La science considérée dans le sens le plus général de ce mot est la connaissance de la vérité, et comme il y a des vérités de plusieurs sortes, il y a plusieurs sortes de science. Mais, aussi, comme toutes les vérités tiennent l'une à l'autre par un lien nécessaire et tendent, finalement, au même but, qui est l'appréciation exacte de tous les phénomènes présentés aux regards de notre esprit, toutes les sciences ont, entre elles, un rapport naturel et nécessaire qui devient plus sensible à mesure qu'elles se rapprochent en s'étendant, et qui doit enfin aboutir au progrès d'une science unique et suprême, celle de la vie. Ce résultat se voit, comme à l'œil, quand on considère la vie collective de l'humanité. Tout le monde sait quelle place occupe la science dans notre civilisation. Elle en est, à la fois, le sommet et la base; elle en est l'instrument le plus actif et le plus puissant. « Ce précieux héritage, a dit éloquemment un homme plus compétent que moi en cette matière, car il porte un des plus grands noms de la science moderne, ce précieux héritage toujours accru, porté de la Chaldée en Égypte, de l'Égypte en Grèce, caché pendant des siècles de malheur et de ténèbres, recouvré à des époques plus heureuses, inégalement répandu parmi les peuples de l'Europe, a été suivi partout de la richesse et du pouvoir; les nations qui l'ont recueilli sont devenues les maîtresses du monde; celles qui l'ont négligé sont tombées dans la faiblesse et l'obscurité. En s'élevant au-dessus de tout, dit encore le même écrivain, la science a tout atteint de ses regards; les arts lui ont été soumis; l'industrie l'a reconnue pour sa régulatrice; elle a servi et protégé l'homme dans tous ses états; elle s'est entrelacée de la manière la plus intime et la plus sensible dans tous les rapports de la société; et ces profondeurs, ces difficultés, que des esprits orgueilleux dédaignaient comme inutiles, ont justement produit l'utilité la plus surprenante. »

Si tels sont les résultats incontestables de la science pour le progrès général de la civilisation, comment pourrait-elle rester sans influence sur l'homme moral qui est le but et la fin dernière de tout ce progrès, et à qui s'adresse plus directement encore cette influence ? Le principe de toute vie morale réside évidemment dans l'intelligence qui est la force vive de l'homme, l'instrument par excellence de tous ses progrès, le levier divin avec lequel il soulève le monde. Or, l'intelligence a besoin, comme les forces du corps, d'un aliment qui l'entretienne et qui la conserve, et cet aliment n'est pas autre chose que la connaissance des vérités, dont elle se pénètre, qu'elle s'approprie et s'assimile par l'instruction ; la science est, littéralement, le pain des intelligences ; — quand on ne le leur donne pas dans la mesure de leurs besoins, elles restent faibles et languissantes, et elles ne pourraient en être complétement privées sans que leur vie spirituelle ne fût aussitôt éteinte. Demander și la science est bonne à l'homme, c'est donc demander si un corps vivant peut croître et se conserver sans se nourrir. Demander si la science est faite pour l'homme, c'est demander si la lumière a été faite pour éclairer l'œil, ou si l'œil a été fait pour voir la lumière. Dieu a donné à la vérité un attrait irrésistible et il a mis dans l'esprit humain une faim et une soif instinctives de la vérité. Car, il ne faut pas se laisser prendre à quelques exceptions apparentes; s'il se rencontre des esprits indolents et dégénérés qui soient disposés à dire avec indifférence ou avec dédain, comme Pilate, qu'est-ce que la vérité? —il n'en est pas ainsi de la généralité des esprits. L'histoire entière de l'humanité aussi bien que la conscience individuelle protestent, au contraire, contre ce volontaire abaissement. L'esprit débile de l'enfant qui ne sait encore rien, l'esprit grossier de l'homme qui a vieilli dans une involontaire ignorance, se montrent également avides de cette nourriture spirituelle pour peu qu'on l'approche de leurs lèvres. Aussi la lumière de la science, une fois présentée aux yeux de l'humanité, n'a pas cessé d'être rallumée par elle, malgré les obstacles, malgré les fatigues, malgré les mécomptes mêmes qu'elle a rencontrés en la poursuivant. Tant est puissant et profond le besoin que l'esprit humain a de savoir ! Tant est vraie, dans sa généralité, la sentence du roi prophète qui déclare que sans la science la vie même ne serait pas une chose bonne !

Par cela même qu'elle est un accroissement et un progrès pour l'esprit, la science tend à élever l'âme dans la même proportion, en la dégageant toujours plus des liens de la matière, en donnant toujours plus de prix et de dignité à sa vie. L'attrait désintéressé qu'elle inspire se rattache, de lui-même, aux instincts les plus purs et aux sentiments les plus élevés de notre nature. Il peut aller même, dans certains cas, jusqu'au sacrifice, j'ai presque dit, jusqu'au martyre : qui ne sait, en effet, que la science a eu ses martyrs, et qu'elle peut s'honorer, à juste titre, des dévouements les plus admirables ? — Celui-ci, pour étudier de plus près un phénomène terrible de la nature, meurt enseveli par les laves du volcan auquel il avait voulu ravir ses secrets. — Celui-là, pour mieux observer la marche d'une maladie contagieuse, se l'inocule à lui-même et meurt victime d'un dévouement dont la science peut disputer la gloire à la charité. — Cet autre, pour recueillir et classer les plantes encore inconnues des plus hautes montagnes du globe, succombe, après trois ans de fatigues, et meurt, dans la fleur de l'âge, loin de sa famille et de son pays, dévoré par le climat brûlant de l'Asie. — Un autre, pour des motifs analogues, passe trois mortels hivers enfermé dans les glaces polaires d'où il ne s'échappe que par miracle, après

des souffrances inouïes, qu'il affronte de nouveau, cependant, peu de temps après. — Et
combien d'autres dévouements semblables que
l'histoire n'a pas enregistrés dans ses annales !
Combien de ces martyrs restés ignorés et
obscurs, qui n'ont pas même obtenu le vain
dédommagement de la gloire, et qui n'ont
trouvé que dans la science seule la récompense
de leurs sacrifices et l'encouragement de leurs
travaux !

Mais sans insister sur ces exemples éclatants
donnés par des âmes d'élite, on peut dire qu'il
y a dans la science, considérée en elle-même,
indépendamment de ses résultats utiles, une
sorte de grandeur morale qui ne peut manquer
de se communiquer à l'âme dont elle fait l'aliment habituel. La recherche désintéressée du
vrai a, comme celle du beau, pour effet naturel de détacher le cœur des mesquins intérêts
qui le rétrécissent et des instincts grossiers qui
le dégradent. Elle donne au caractère je ne

sais quelle sérénité qui le met à l'abri de tous les sentiments violents; elle fournit le préservatif le plus efficace, peut-être, contre la première explosion des passions fougueuses de la jeunesse; elle est enfin, pour tous les âges, une source inépuisable de pensées élevées, de jouissances pures et paisibles, dont la salutaire influence ne peut manquer de se faire sentir dans toutes les habitudes de la vie. On peut appliquer au caractère des savants ce qu'un écrivain religieux a dit excellemment de leur style : « Dans ce monde de la science qui est le monde de l'ordre et de Dieu en un sens particulier, et où celui qui en fait son étude n'a heureusement rien à mêler de soi-même, il règne une paix majestueuse qui se communique aisément à l'âme par la pensée. Aussi, la dignité de la vie, comme celle du langage, y est-elle plus ordinaire, peut-être, que partout ailleurs. »

Mais cette influence ne s'arrête pas aux savants proprement dits. Elle se propage, de proche en proche, à tous ceux qu'éclaire, même faiblement, la lumière qu'ils ont allumée. — Il n'est pas nécessaire de cultiver soi-même une science et de lui consacrer toute sa vie, pour jouir, au moins, de ses résultats généraux, et pour se sentir élevé par elle. — Quand je considère « les cieux et leur armée, quand je contemple ces mondes étincelants qui remplissent l'immensité de l'espace, et dont mon imagination, pas plus que mon regard, ne peut atteindre les bornes, je n'ai pas besoin de connaître tous les calculs des astronomes pour admirer la puissance du génie qui a osé sonder ces profondeurs, qui a suivi et mesuré ces orbes immenses, qui a pesé les mondes et les soleils, et attiré, pour ainsi dire, l'univers entier dans son domaine. En bénissant Dieu d'avoir donné un tel pouvoir aux hommes, je jouis moi-même de toutes ces conquêtes de l'esprit humain, dont la grandeur, aussi bien que celle de la nature, me révèle celle de mes destinées, et je me sens plus rapproché de cette intelligence infinie dont la mienne aussi est une imparfaite, mais vivante émanation.

Ce que je dis de l'astronomie je pourrais le dire de toutes les autres sciences. Je pourrais le dire de celle qui est allée chercher jusque dans les entrailles du globe les annales ensevelies du monde qui a précédé le nôtre. Je pourrais le dire de celle qui a étudié les merveilles de l'organisation dans toutes les créatures terrestres, « depuis le cèd e du Liban jusqu'à l'hysope des murailles, » et depuis l'homme jusqu'à l'insecte. Je pourrais le dire de celle qui s'est emparée des forces les plus mystérieuses de la nature et qui a trouvé le moyen de s'en servir pour vaincre toutes les résistances de la matière et pour exécuter ses propres volontés. Je pourrais le dire, en un mot, de toutes les branches du savoir humain. Il n'en est pas une qui ne soit une extension du monde réel et une conquête sur le monde invisible qui profitent, en définitive, à toutes les créatures intelligentes ; il n'en est pas une qui ne procure à mon esprit et à tous les esprits un peu de cet aliment spirituel qui les fait vivre. Il n'en est pas une qui ne vienne apporter son tribut aux sources éternelles de la vie morale où doit s'abreuver en commun l'humanité. De même que le soleil, pour inonder tout l'espace de sa lumière, n'a besoin que de paraître en un point de l'horizon, de même le flambeau de la science allumé par quelques-uns éclaire peu à peu tout le monde ; ses progrès de plus en plus rapides sont aussi de plus en plus assurés ; ceux qu'elle a faits jusqu'à notre temps sont une garantie de ceux que l'avenir lui réserve ; et il est permis d'espérer désormais que toutes les âmes participeront un jour à cette lumière féconde, et pourront se nourrir avec abondance de cet aliment vivifiant.

Que signifie donc cette vieille accusation si souvent répétée contre la science ? Comment se fait-il qu'on ait pu dire d'elle, et quelquefois avec une apparence de raison, « qu'elle enfle au lieu d'édifier; » qu'elle inspire à ceux qui s'y livrent un orgueil immense; qu'elle répand des lumières trompeuses qui éblouissent au lieu d'éclairer, qui égarent au lieu de conduire au but, et qui produisent souvent, pour dernier fruit, le doute, l'incrédulité, l'indifférence, c'est-à-dire le dépérissement de tous les sentiments élevés et généreux ?

Après avoir dépouillé ces reproches de leur évidente exagération, après avoir impartialement reconnu ce qu'ils peuvent avoir de fondé, que faudrait-il en conclure ? Que l'ignorance est préférable au savoir, et qu'il faut y ramener les hommes ? Nul ne le voudrait sérieusement; nul ne voudrait échanger ces abus mêmes de la science contre les longues et effroyables misères que les siècles de ténèbres ont fait peser sur la race humaine. La seule conséquence légitime et raisonnable serait que l'homme, hélas! abuse de tout, de la science comme de la force, comme de la santé, comme de la fortune, comme de la religion elle-même, et que là, comme ailleurs, il faut détruire l'abus et renfermer l'usage dans ses justes bornes. — Oui, la science est une force immense, un instrument tout-puissant entre les mains de la volonté; mais elle n'est pas autre chose et, comme l'a dit éloquemment un grand écrivain et un grand savant déjà cité : Elle poursuit les comètes à travers l'espace, mais le cœur humain lui échappe; elle se rit des flots de la mer, mais elle n'a point de secret pour calmer les inquiétudes de l'ambitieux. Il ne faut donc pas attendre d'elle plus qu'elle ne peut donner; il ne faut pas attendre d'elle la guérison de tous les maux et de tous les vices. Bien loin de remplacer la règle morale, elle ne fait que la rendre plus nécessaire; car plus sont grandes les forces dont la volonté dispose, plus il est urgent, plus il est indispensable de bien régler la volonté elle-même, et tout nous ramène, vous le voyez, à cette inévitable conclusion.

Mais est-il même bien sûr que les mauvais fruits attribués à la science lui soient réellement imputables? La cause n'en serait-elle pas, au contraire, dans un défaut de science et de vérité, dans une science « faussement ainsi nommée, » pour parler comme saint Paul, et toutes les déclamations répétées à cette occasion ne se réduiraient-elles pas à dire, ce qui n'est contesté par personne, que l'ignorance est encore moins dangereuse et moins funeste que l'erreur?

L'orgueil, dites-vous, est un fruit de la science? Mais de laquelle? Est-ce de la vraie? Est-ce de celle qui a sérieusement étudié l'homme et le monde? Ne reconnaît-on pas, au contraire, généralement, que le propre du vrai savoir est d'être modeste, et peut-on faire un pas dans la connaissance de la vérité sans s'apercevoir que l'infini se trouve partout, au bord de toutes nos voies? Il n'y a rien, a dit un écrivain célèbre, dont on trouve plus vite le bout que celui de son esprit; l'homme assez vain pour s'énorgueillir de sa science, l'homme qui prend les bornes de son esprit pour celles de la vérité, ne prouve par là que l'étroitesse de son esprit et la fausseté de son prétendu savoir.

La science rend incrédule? — Mais laquelle encore? Est-ce la vraie? Celle qui sait bien et beaucoup? Celle qui voit de haut et de loin? Celle des Newton, des Pascal, des Leibnitz et de tous les grandes esprits dont s'honore le genre humain? N'est-elle pas mille fois plus vraie cette sentence d'un philosophe et d'un savant : Si un peu de science détourne de la religion, beaucoup de science y ramène? — Parce que l'homme éclairé ne croit pas de la même manière, peut-être, que l'homme ignorant, cela ne veut pas dire que la foi lui soit moins nécessaire ni même moins naturelle. La foi commence pour tout homme où commence le mystère; elle est placée, a-t-on dit avec raison, au bout de sa science comme l'horizon au bout de son rayon visuel. Plus son horizon est étendu, plus il rencontre de mystères, plus est vaste, par conséquent, le champ de sa foi. — Si les apparences ne confirment pas toujours ces assertions, s'il y a des savants incrédules et des livres de science d'où la pensée religieuse est absente, cela tient précisément aux bornes trop étroites dans lesquelles ces savants se sont renfermés. Chaque science a longtemps creusé son sillon isolément; chacune a longtemps travaillé comme dans une galerie souterraine où la lumière du dehors ne pénétrait pas. Mais aujourd'hui ces voies diverses commencent à se rencontrer; tous ces rayons convergent vers un même centre. Le rapport mutuel des sciences les unes avec les autres et leur rapport commun avec la destinée humaine est de plus en plus senti, en sorte que le jour n'est pas loin,

j'en ai l'espérance, où la science, plus complète
et plus sûre d'elle-même, arrivera, pleine de
respect, jusque sur le seuil de la foi dont elle
sera peut-être, désormais, le meilleur et le plus
sûr auxiliaire.

Oui, je n'en doute pas, ce dépérissement des
convictions, cet appauvrissement de la vie morale dans les âmes, qu'on attribue injustement
aux lumières répandues par la science, sont
bien plutôt le résultat de ce demi-jour, de ce
crépuscule intellectuel, s'il est permis de parler
ainsi, où l'on ne discerne pas encore nettement
les objets, où l'on n'a sur tout que des idées incomplètes et confuses, par conséquent inexactes
et fausses, par conséquent indignes du nom
de science. Le moyen de guérir tout cela, ce
n'est donc pas de rétrograder vers les siècles
de ténèbres, ce n'est pas de rétablir des écha-
faudages ruinés qui, dans tous les cas, ne
retrouveraient plus leurs fondements, c'est de
marcher résolûment dans les voies de la vraie

lumière, et d'y faire marcher toutes les âmes.

Est-ce à dire que tous les hommes puissent et doivent devenir des savants ? Non, sans doute ; cela n'est ni possible ni désirable. La science proprement dite sera toujours, quoi que on fasse, une fonction spéciale ; fonction honorée autant qu'honorable ; fonction nécessaire dont les travaux solitaires et paisibles ne sont pas les moins productifs pour le bien-être de tous et pour le progrès général. — Si j'avais pour auditeurs des hommes engagés dans cette carrière ou destinés à la parcourir, je leur rappellerais aussi, avec tout le respect qui leur est dû, mais avec toute la liberté de mon ministère, les devoirs qu'elle leur impose. Je leur dirais : quelque grande que soit la science, il y a quelque chose de plus grand encore ; c'est le fruit moral qu'on en retire pour les autres et pour soi-même. Ne sacrifiez pas ce fruit précieux à une frivole satisfaction d'amour-propre et de vaine gloire ; faites respecter la dignité de

la science par celle de votre caractère et de
votre vie ; justifiez-la du reproche d'orgueil par
votre modestie et par votre simplicité. Pourquoi
vous serait-elle un motif d'orgueil ? Vous en
connaissez mieux que personne les limites naturelles. D'ailleurs, les acquisitions de la
science, non plus que celles de la fortune, ne
nous appartiennent pas tellement en propre,
que nous puissions nous en faire honneur exclusivement comme d'un mérite inhérent à notre
personnalité. Votre savoir est à vous, sans
doute ; mais il est un produit de toutes les
veilles et de tous les travaux de vos prédécesseurs dont vous avez recueilli l'héritage ; il
est un bienfait de cette société par laquelle
vous vivez et à laquelle vous devez, par conséquent, à votre tour, faire partager ce pain des
intelligences. Il est enfin, comme tout le reste,
un de ces dons de Dieu dont nous sommes
tous, à quelque degré, les dispensateurs, et
que nous devons faire servir à sa gloire. Et

qui mieux que vous devrait et pourrait glorifier Dieu ? Qui peut mieux que vous comprendre et admirer toutes ses œuvres ? C'est
à vous, surtout, à justifier la science du reproche d'incrédulité ou d'indifférence en ce
qui concerne la foi. Vous le devez à la science,
car, au témoignage d'un de vos plus illustres
prédécesseurs, la religion est l'aromate qui
empêche la science de se corrompre. — Vous
le devez à la religion pour resserrer ce grand
lien des esprits qu'on vous accuse d'avoir re-
lâché. — Vous le devez à vos frères pour qui
vos exemples font, plus que jamais, autorité.
On a voulu faire de vous les prophètes des
temps modernes, et vous l'êtes véritablement,
en quelque manière ; vous ouvrez toutes les
voies où les autres doivent marcher ; vous pré-
parez, dans vos silencieuses méditations, tout
le travail des générations à venir. Souvenez-
vous donc qu'il n'y a pas de prophètes sans
mission, ni de mission sans Dieu, et travaillez

sérieusement à pouvoir lui rendre un compte fidèle de la vôtre.

Mais si tous les hommes ne peuvent pas être des savants, il y a des connaissances et des lumières qui leur sont nécessaires à tous. — Je place au premier rang toutes celles qui se rapportent à nos devoirs communs et à nos communes destinées comme créatures intelligentes faites à l'image de Dieu. Là où ces lumières manquent, toutes les autres sont comme une lampe dans un sentier obscur; elle n'éclaire qu'en ligne droite sans permettre de voir autour de soi ni d'apprécier, par conséquent, les vrais rapports des objets. Pour que toute notre voie soit bien éclairée, il faut, avant tout, que la lumière nous vienne de haut!

Comme membres d'une société particulière et citoyens d'un même pays, il est encore des connaissances générales qui devraient être communes à tous, parce qu'elles sont pour tous également nécessaires : ce sont, par exemple, les

18.

notions usuelles qui se rapportent à la langue, aux lois, à l'histoire de cette patrie que tous doivent servir avec intelligence pour la servir efficacement.

Après ces connaissances générales, ce qu'il faut à chacun, ce qui suffit à sa vie, à son bonheur et même à son développement intellectuel, c'est la science particulière à sa position. Car il y a dans chaque condition, dans chaque fonction sociale, une science, c'est-à-dire un ensemble de notions, nécessaire pour la bien remplir. C'est à celle-là que chacun doit directement s'attacher; c'est là le foyer central et rayonnant d'où il faut que parte, pour lui, la lumière. Quand un tableau est mal éclairé, le coloris comme le dessin n'offrent qu'une masse confuse. Quand la lumière, partant d'un seul point, y est convenablement distribuée, la masse confuse redevient un tableau où tout est distinct et vivant. Il en est de même des esprits : si la lumière leur arrive con-

fusément, si leur science se réduit à une multitude de notions mal liées et mal digérées,
l'esprit, au lieu d'y voir plus clair, n'en éprouve
qu'un stérile et dangereux éblouissement. Mais
si vous distribuez sagement cette même lumière
autour d'un foyer central, c'est-à-dire en prenant
pour point de départ une connaissance spéciale
et positive : si vous savez, en un mot, aussi bien
qu'on peut le savoir, ce que vous avez à faire,
vous le ferez bien, d'abord ; ensuite, comme
tout se tient, la lumière se répandra de proche
en proche, laissant chaque chose à sa place,
et la montrant sous son vrai jour ; les hommes
se comprendront ainsi et se jugeront plus équitablement les uns les autres ; il y aura tout
ensemble plus d'harmonie générale et plus de
véritable progrès pour chacun.

Voilà la science sans laquelle la vie n'est
pas une chose bonne. Voilà celle qu'il faut
désirer pour soi-même et pour tout le monde.
Que chacun travaille sérieusement à l'acquérir.

Que les pères et les mères s'appliquent à la transmettre à leurs enfants comme le plus précieux des héritages. Que les conducteurs des peuples aient à cœur de la propager et de la répandre. Que tous les bons citoyens s'efforcent d'en populariser le bienfait. Que les chrétiens l'associent à toutes les œuvres et à toutes les bonnes inspirations de leur zèle, et que Dieu, « le père des lumières et le soleil des esprits, » bénisse abondamment ces communs efforts, en faisant luire, dans tous les cœurs, les salutaires rayons qui portent avec eux la santé en même temps que la lumière!

VIII

LA LOI.

LA LOI.

Rendez à chacun ce qui lui est dû ; le
tribut à qui vous devez le tribut ; les impôts à qui vous devez les impôts ; la crainte
à qui la crainte ; l'honneur à qui l'honneur.

(Rom. xiii, 7.)

Nous avons successivement parcouru les
principales fonctions sociales qui déterminent
les différentes conditions parmi les hommes.
Quoique la forme de ces discours et le temps
qui leur est consacré ne nous aient pas permis
de donner à nos idées tout le développement
dont elles eussent été susceptibles, nous avons
tâché, néanmoins, de ne rien omettre d'essentiel, et si vous considérez, en effet, les différentes conditions dans leur ensemble et dans

leurs rapports mutuels, vous reconnaîtrez facilement qu'elles rentrent toutes, sans exception, dans quelqu'une de celles que nous avons spécifiées, puisqu'il n'est point d'œuvre humaine qui ne puisse être rapportée ou à l'industrie proprement dite, ou à l'agriculture, ou au commerce, ou à la science ou aux beaux-arts.

Mais indépendamment de ces fonctions diverses dans lesquelles se répartit le grand travail social, il y a, dans toute société, comme je l'avais indiqué au commencement de ces discours, certains devoirs ou sentiments généraux qui en forment comme le lien, qui sont les mêmes pour tous quelle que soit leur position particulière, et auxquels correspondent des institutions sociales qui exercent aussi une incontestable influence sur le développement moral. Au premier rang de ces institutions est celle de la famille qui est la base essentielle et le type primitif de toute société. Dans un travail déjà publié, nous en avons fait l'objet d'une étude spéciale qui nous dispense d'en parler ici autrement que pour en indiquer la place et l'importance. Mais il nous reste à examiner, à ce même point de vue de leur influence morale, la loi, fondement de l'ordre public, la patrie qui donne à cet ordre la puissance d'un grand sentiment, et les institutions religieuses proprement dites, destinées à représenter dans le corps social cet esprit divin qui est le principe supérieur de sa vie.

C'est de la loi et du respect universel dont elle doit être entourée que je viens vous entretenir aujourd'hui.

Les paroles de l'apôtre que je vous ai lues s'y rapportent naturellement. Tout le chapitre d'où elles sont empruntées a pour but d'inspirer le respect pour l'ordre établi. Le précepte particulier qui en est comme la conclusion pratique, s'applique sans doute à des personnes ; mais seulement en tant qu'elles représentent cet ordre même, c'est-à-dire la loi qui lui sert de fondement. L'unique ou, du moins, le premier moyen de faire rendre à chacun ce qui lui est dû, ne peut être, en effet, que d'inspirer à tous un respect sérieux, profond, invariable, pour la loi qui est le protecteur de tous les droits et la sanction de tous les devoirs.

La nécessité d'une loi positive est tellement inhérente à l'idée même d'une société, que celle-ci ne peut ni exister ni même se comprendre autrement, et que les hommes les plus corrompus ne peuvent s'associer, même pour le mal, sans se donner une loi quelconque et sans en réprimer la violation.

Tout ordre social repose donc sur une loi destinée à régler, au moins en ce qu'ils ont de général, les droits et les devoirs réciproques, et à faire régner la justice. Cette loi, pour agir sur les hommes, a nécessairement besoin d'instruments humains, c'est-à-dire de représentants visibles dont la mission est, pour les uns, de

la promulguer, pour les autres de l'interpréter
et d'en faire l'application, pour les autres de
veiller à son maintien ; de là, quelle que soit,
d'ailleurs, la forme de la société et de son gouvernement, de là, dis-je, une hiérarchie de
pouvoirs sociaux qui constituent autant de
fonctions nouvelles auxquelles on peut donner
le nom commun de magistratures, et qui ont
toutes pour but l'exécution générale de la loi,
et par elle le maintien de l'ordre social. Il
ne nous appartient pas de parler ici des devoirs particuliers à ces hautes fonctions que
nous devons, selon l'exhortation de l'apôtre,
entourer d'un salutaire respect à cause de la
loi qu'elles représentent. D'ailleurs, ces devoirs
sont tous renfermés dans la définition de la
fonction elle-même. Le magistrat, quel que soit
son titre ou son rang, depuis le chef suprême
d'une nation jusqu'à l'administrateur ou au
juge de paix de la plus obscure commune, le
magistrat, dis-je, est, à tous les degrés, le re-

présentant, c'est-à-dire l'homme de la loi et, en quelque sorte, la loi vivante. Quelle fonction redoutable et sainte ! quelle responsabilité ! quelle dignité d'âme ! quel désintéressement de cœur ! quelle abnégation d'amour-propre ! quelle hauteur et quelle sérénité de vues ! et, pour tout dire en un mot, quel sentiment profond de respect pour la loi ne faut-il pas à celui qui est chargé précisément de faire respecter la loi ! — Ah ! si les hommes considéraient les choses sous leur vrai point de vue, à la lumière de la raison et de la conscience et non pas à travers le prisme trompeur de leurs convoitises et de leurs passions, s'ils reconnaissaient, comme il est vrai, que le devoir du dévouement, de l'abnégation, de la soumission absolue devant la loi, s'accroît précisément en proportion de la dignité apparente qu'on lui emprunte, comme ils redouteraient, au lieu de la convoiter, une tâche si difficile, une si pesante responsabilité !

Mais ne vous y trompez pas : ce grand devoir du respect pour la loi est, à tous les degrés, celui de tous. Tous doivent soigneusement s'abstenir non-seulement des transgressions manifestes qui sont qualifiées par elle de délits ou de crimes, et réprimées, en son nom, comme tels; mais encore de tout ce qui peut porter quelque atteinte directe ou indirecte à son autorité, de tout ce qui diminue ou énerve son action. Tous doivent en respecter l'esprit aussi bien que la lettre, en accepter, sans réserve, toutes les décisions, en reconnaître franchement l'autorité absolue, et en propager ainsi le règne par leur exemple. Ne croyez pas qu'il suffise à chacun de se mettre, comme on dit, en règle avec elle, en laissant tout ce qui est au-delà aux soins des magistrats préposés à cet office et à l'action des forces sociales dont ils disposent. Sans doute la société a dû, pour se protéger elle-même et dans l'intérêt de tous ses membres, mettre au service de la loi une force permanente destinée à la faire respecter ; mais cette force, suffisante contre les perturbations accidentelles de l'ordre et de la justice, ne suffirait pas, à beaucoup près, si elle était seule, pour maintenir entre tous les membres cette harmonie et cette unité nécessaires à la santé du corps social. La vraie unité n'étant, comme nous l'avons surabondamment démontré, que l'harmonie des volontés particulières, il est évident, par cela même, que la vraie puissance de la loi est, avant tout, une puissance morale, laquelle ne peut trouver son point d'appui que dans la conscience de chacun. La vraie puissance de la loi, c'est d'être écrite, non sur des tables de pierre ou dans la lettre morte d'un code, mais dans la lettre vivante des consciences et des cœurs. La vraie puissance de la loi est celle que lui prête l'adhésion libre et spontanée de toutes les volontés, celle qui repose sur le respect et sur la vénération volontaire, dont on l'environne. Si vous avez cela, vous avez tout, et la

loi, quelque faible que puisse être son organe,
est sûre d'être écoutée quand elle parle, obéie
quand elle commande. Otez cela, au contraire,
la loi, quelle que soit la puissance extérieure
dont elle dispose, ne tarde pas à s'énerver, et
le lien social se relâche dans la même proportion. Car, comme tous les devoirs se tiennent,
comme tous les sentiments moraux sont dans
une mutuelle dépendance les uns des autres,
quand le respect pour la loi se perd, il se perd
également pour tout ce qui la représente et
pour tout ce qui lui ressemble. Il se perd pour
toute supériorité naturelle ou sociale ; il se perd
pour la première et la plus naturelle de toutes
les supériorités, celle de l'autorité paternelle ;
il se perd pour la sainteté du lien conjugal,
fondement du bon ordre dans les familles ; il
se perd pour tout ce qui met un frein aux
volontés capricieuses et aux passions désordonnées ; il se perd pour tout ce qui réveille
l'idée d'obligation et de devoir ; il se perd pour

la dignité humaine qui ne sait plus où se prendre quand on a énervé, l'un après l'autre, tous les sentiments élevés et généreux qui la constituent; il se perd, enfin, pour Dieu, source première de toute autorité et dernière fin de tous les devoirs. — Or quand une société a le malheur d'en arriver là, il est facile de deviner, et nous savons, d'ailleurs, par expérience quel est le sort prochain qui l'attend; ce ne peut être, dans l'ordre moral comme dans l'ordre matériel, que celui d'une vie en dissolution.

L'expérience de tous les temps est décisive à cet égard. Parmi les sociétés anciennes, toutes celles qui ont duré, toutes celles qui ont fait de grandes choses, toutes celles qui ont exercé non-seulement sur leur siècle, mais sur le développement de l'humanité entière, une influence puissante et durable, l'ont fait par la puissance des lois. Les plus admirables dévouements se sont faits en leur nom. Les plus grandes vertus ont été inspirées par elles. Les plus beaux caractères se sont formés à leur école. — Si Léonidas meurt avec ses trois cents compagnons, au passage des Thermopyles, ce n'est pas pour obéir à l'exaltation passagère d'un courage bouillant ou même d'un patriotisme passionné, c'est parce que la loi défend la fuite au guerrier de Sparte, en quelque lieu et en quelque nombre qu'il rencontre les ennemis; c'est pour qu'on puisse écrire sur la tombe des martyrs cette parole d'une simplicité sublime : « Passant, va dire à Sparte que nous sommes morts ici pour obéir à ses saintes lois.» — Si Socrate, poursuivi par des ennemis envieux et condamné par des juges iniques, refuse d'échapper à la mort par un exil volontaire, c'est pour ne pas donner le funeste exemple de la désobéissance aux lois, alors même qu'elles sont injustement appliquées. — Si Rome survit aux agitations tumultueuses de son Forum, si elle se relève, avec une constance inébranlable, après des revers qui l'ont mise à deux doigts de sa ruine, si elle finit par étendre sur le monde entier une domination et une influence dont toutes les traces n'ont peut-être pas disparu encore après deux mille ans, c'est qu'au milieu de ses agitations intérieures et de ses guerres continuelles la loi n'a pas cessé de régner en souveraine et de former, sous sa forte discipline, ces grands caractères qui, après avoir fait la grandeur de leur patrie, en ont ralenti la décadence pendant des siècles. — Comme les conditions d'ordre, de stabilité et de durée sont toujours et partout les mêmes, l'histoire moderne est, sous ce rapport, la confirmation de l'histoire ancienne. Si on veut rechercher, encore aujourd'hui, quelles sont, parmi les nations de l'Europe, les plus remarquables par la solidité et la continuité de leurs progrès, par la profondeur et la durée de leur action sur le monde, on reconnaîtra que ce sont encore celles où l'empire souverain de la loi est le plus universellement accepté, celles où le respect qu'on a pour elle fait comme le fond de l'esprit public et semble se confondre avec le patriotisme lui-même.

Du reste, ces principes sont si simples et si évidents par eux-mêmes, qu'il semble superflu de les établir longuement par le raisonnement et l'expérience, puisque personne ne peut les contester raisonnablement. Aussi ne les conteste-t-on pas, et il n'est personne qui ne reconnaisse, en principe, qu'il faut être soumis à la loi, qu'il faut l'entourer de respect et que tous les membres d'une société se doivent cet exemple les uns aux autres. — D'où vient donc qu'il en est tout autrement dans la pratique? D'où vient que ce respect sincère et absolu pour la loi, auquel tous sont également intéressés, n'est pas plus universel? D'où vient qu'elle rencontre si souvent, au contraire, dans les paroles ou dans les cœurs quand ce n'est pas dans les actes, tant de sourdes résistances, tant de contradictions passionnées, tant de détours et de prétextes qui l'énervent? — Il peut y avoir à cela plusieurs causes qui dépendent des circonstances particulières à telle ou telle société, à sa constitution, à son histoire, à l'ensemble de ses habitudes morales. Mais il y en a une plus universelle qui est la racine de toutes les autres, qui se trouve dans les profondeurs de notre nature morale, et il est nécessaire de pénétrer jusque-là pour éclairer complétement cette grave question.

Oui, on ne peut le méconnaître, il y a naturellement, dans le cœur de tout homme, un secret principe d'insubordination, pour ne pas dire d'opposition et de révolte contre toute la loi. Ce principe, c'est celui sur lequel s'appuie le premier tentateur : « Quoi ! il ne vous est pas permis ! » Quoi ! vous n'êtes pas libre de faire tout ce qui vous convient ! — Ce principe, c'est celui que l'Évangile appelle le péché, la chair, la loi des membres qui s'oppose à celle de l'homme intérieur, c'est-à-dire de la conscience et de Dieu. Ce principe, c'est cette fausse idée d'indépendance qui, venant en aide à toutes nos convoitises, nous persuade si facilement que toute obligation est une atteinte portée à nos droits et à notre liberté. Erreur fatale, non moins dangereuse pour la liberté que pour l'ordre puisqu'elle méconnaît les conditions nécessaires de l'un et de l'autre, puisque dans le domaine de la conscience individuelle aussi bien que dans celui de la vie publique, le premier, l'indispensable point d'appui de la liberté, c'est la loi!

Qu'est-ce, en effet, que la liberté, pour l'homme? Croyez-vous qu'elle puisse consister dans l'absence de toute règle? Croyez-vous qu'elle puisse consister à marcher, comme au hasard, selon le caprice de ses yeux ou de son cœur, et au gré de tous les vents qui soufflent du côté du monde? Appellerez-vous liberté l'état du malheureux insensé de qui la raison absente a laissé toutes les volontés sans régulateur et sans frein ? Appellerez-vous liberté la folie passagère que procure l'ivresse? Appellerez-vous liberté cette explosion violente de toutes les convoitises qui n'est qu'une ivresse spirituelle? Appellerez-vous liberté, enfin, cette lutte intérieure d'un cœur partagé dont la sensualité, la vanité, l'ambition, l'avarice, se disputent tour à tour la possession, et cette inconstance des pensées, et cette mobilité des volontés, et cette versatilité du caractère, et cette vie toute décousue et désordonnée, qui en sont l'ordinaire et infaillible résultat ? — Qui ne voit, au contraire, que c'est là précisément ce qui constitue la servitude, et la plus pesante de toutes ? Qui ne voit que l'homme, en croyant n'obéir ainsi qu'à lui-même, a réellement mille maîtres pour un, tous plus impérieux, plus tyranniques les uns que les autres, et qu'il est esclave, selon l'énergique mais exacte expression de l'Évangile, littéralement esclave de toutes les passions

auxquelles il s'est livré, esclave de tous les
péchés qu'elles lui font commettre, esclave de
tout ce qui l'entoure, de toutes les circonstances,
de tous les événements, de toutes les choses et
de tous les hommes, puisque le premier venu qui
sait le prendre par son faible n'a plus qu'à lui
dire : « Va, et il va ; fais, et il fait ?» Qui ne voit
que la vraie liberté, pour une créature humaine,
c'est-à-dire intelligente et raisonnable, ne peut
se trouver que dans l'affranchissement de ces
liens grossiers et terrestres, dans le triomphe
de l'esprit sur la chair et de la pensée sur la
matière, dans l'équilibre harmonieux de toutes
les facultés et de toutes les forces morales sous
la souveraineté absolue de la conscience et de
la raison, c'est-à-dire, sous le règne de cette
loi intérieure et divine, source et fondement de
toutes les autres, qui fait toute notre sauvegarde, et qui est le véritable point d'appui en
même temps que le gouvernail nécessaire de
toutes nos volontés.

Oui, voilà la vraie liberté, la seule possible, la seule désirable, la seule convenable à la dignité humaine, celle que l'Évangile appelle admirablement : la glorieuse liberté des enfants de Dieu ; celle qui se sert, pour ainsi dire, de loi à elle-même, celle qui établit la paix dans le cœur et l'unité dans la vie, celle qui crée l'énergie dans les caractères et la persévérance dans les volontés, celle qui a fait faire toutes les grandes et nobles choses de ce monde, celle qui assure à l'homme un empire toujours plus complet, une possession toujours plus paisible et de la nature et de lui-même, celle qui, passant du domaine de la conscience dans celui de la société, entretient une harmonie vivante dans la société comme dans le cœur, et qui, bien loin de se trouver jamais en opposition avec l'ordre, semble n'être, en définitive, que l'ordre lui-même rendu vivant et fécond.

Mais, vous le voyez, nous voilà bien loin de cette morale vulgaire qui ne voit, dans les lois humaines et dans tout l'appareil extérieur dont elles sont entourées, qu'un épouvantail pour le crime, un moyen de répression contre les iniquités criantes et contre les désordres matériels ; nous voilà bien loin de cette morale selon laquelle il suffirait, pour être honnête homme, de n'avoir ni volé, ni tué, ni violé aucune loi positive ; de cette morale qui, en réalité, n'en est pas une, puisqu'elle laisse l'homme où elle l'a pris, et ne fait qu'endormir sa conscience en lui apprenant à se contenter de si peu. — On oublie trop que le domaine de la société et celui de la conscience se touchent et se pénétrent, en quelque sorte, de toutes parts, parce qu'après tout l'homme social et l'homme individuel ne sont pas deux êtres différents, mais seulement deux états, deux manières d'exister d'un même être. On oublie, surtout, beaucoup trop que cet être est un homme, c'est-à-dire une force intelligente et morale, en sorte que la société, qui n'est que la réunion de ces forces, ne peut subsister en vertu des liens purement extérieurs et matériels. On oublie que le ciment destiné à unir les esprits ne peut être formé seulement de pierre et de boue, et que les lois, pour être véritablement respectées, doivent reposer sur des fondements plus profondément enracinés dans l'âme humaine que l'intérêt et que la peur. On oublie, enfin, que l'homme ne vit pas seulement de pain, mais qu'il lui faut aussi l'aliment des âmes, sans quoi son âme, mourant littéralement d'inanition, s'enfonce peu à peu dans la matière, finit par devenir insensible ou indifférente à tout ce qu'elle ne peut saisir et toucher avec les sens, et perd ainsi, avec le sentiment de sa dignité qui n'est que le respect d'elle-même, le respect et le sentiment de toutes les choses grandes et saintes. — Une aride sensualité qui envahit peu à peu les âmes, en même temps que l'homme étend ses conquêtes sur la nature, comme si celle-ci voulait ressaisir d'un côté le terrain qu'elle perd avec lui de l'autre; un sourd matérialisme qui ne s'affiche plus, comme à certaines époques, qui ne s'avoue même pas toujours, mais qui se voit et se sent partout, pour peu qu'on y regarde de près, voilà ce qui énerve peu à peu l'action de la loi; voilà ce qui produit cet affaiblissement de respect que tout le monde signale avec effroi dans nos mœurs modernes. — Oui, si toute loi nous est pénible, toute autorité importune, toute obligation pesante, tout sentiment de respect fastidieux, c'est qu'ayant laissé amollir notre âme dans cette atmosphère sensuelle et terrestre, ayant tout rabaissé au niveau des plus grossiers instincts et des plus grossiers intérêts, nous ne trouvons plus rien, en effet, qui mérite et attire nos respects; c'est que nous ne rattachons plus assez haut cette chaîne de nos devoirs qui traîne désormais sur la terre où nous ne sentons plus que son poids, au lieu de nous sentir élevés et soutenus par elle.

Pour que les lois humaines soient entourées du respect qui leur est dû, pour qu'elles soient obéies, non par crainte ou par calcul, mais par conscience, il faut y voir plus qu'une convention arbitraire ou accidentelle, plus qu'une balance d'intérêts, plus qu'une garantie extérieure de la sécurité sociale; il faut y reconnaître, malgré leurs inévitables imperfections, un reflet réel de la loi éternelle et immuable qui doit régner sur le monde des esprits, sous l'autorité vivante de celui qui est appelé leur père. Tous les peuples de l'antiquité, sans exception, faisaient descendre leurs lois du ciel. Ils se trompaient, sans doute, dans la forme. Mais il y avait pourtant quelque chose de profondément vrai dans cette croyance instinctive et universelle. Si nous ne pouvons, comme eux, faire dicter par Dieu même ces manifestations toujours imparfaites de notre justice telles qu'elles nous apparaissent dans le développement progressif des sociétés, nous n'en devons pas moins les respecter et les honorer comme une aspiration incessante vers cette justice parfaite de Dieu, seul principe de toute vie pour les individus et pour les nations.

Ainsi tout nous ramène naturellement à la Religion comme à la meilleure sauvegarde, comme à l'indispensable auxiliaire de tous les liens sociaux. Mais ne voulant pas effleurer ici un sujet qui doit faire la matière d'un autre discours, je me borne à cette réflexion générale, et je l'abandonne à votre méditation.

L'idée de Dieu est, à la fois, la base, le centre et le sommet du monde moral, et il est impossible qu'on ne la rencontre pas au fond de toutes les questions de cet ordre. Comment pourrait-il en être autrement? Comment ce Dieu qui se révèle si magnifiquement dans la création matérielle, ne se révélerait-il pas, à plus forte raison, dans la vie, soit individuelle, soit collective des créatures intelligentes et morales, qui sont la plus belle de ses œuvres? Un phi-

losophe moderne a dit, quelque part, que les
deux plus grandes choses de ce monde étaient :
la majesté des cieux étoilés et celle de la loi
morale dans le cœur de l'homme. Savez-vous
pourquoi elles sont grandes, non-seulement
aux yeux du philosophe, mais à ceux du simple
croyant? c'est que nous y sentons tous instinc-
tivement la sainte présence de Dieu; c'est
qu'elle s'y révèle à nous avec le même caractère d'harmonie paisible et sereine; c'est qu'elle
est le bien par excellence, la vérité éternelle et
la suprême beauté. Ah! pourquoi le cœur de
l'homme nous donne-t-il si rarement et si imparfaitement ce grand spectacle, tandis qu'il
s'offre toujours immuable et parfait dans l'immensité des cieux? Pourquoi la loi divine est-
elle si parfaitement obéie par les milliers de
sphères et de mondes qui peuplent l'immensité
de l'espace, tandis qu'elle l'est si mal et si rarement dans le domaine de la volonté morale?
Est-ce qu'elle n'est pas, là aussi, également

nécessaire et précieuse? est-ce que Dieu, le souverain créateur, ne veut pas et ne doit pas régner également sur toutes ses œuvres et, à plus forte raison, sur les meilleures et les plus grandes? — Il le veut tellement que la création tout entière n'a pas et ne saurait avoir d'autre but. Mais il le veut par des moyens proportionnés aux facultés dont il a doué chacune de ses créatures. Il ne règne sur les mondes matériels que par sa puissance; il veut régner sur les êtres intelligents par sa justice et par son amour; tandis que les cieux obéissent à sa loi sans la comprendre, il a donné à l'homme le magnifique privilége de la comprendre, de l'aimer, de l'accomplir librement, par une obéissance filiale et spontanée, par le sacrifice volontaire de ses passions et de ses convoitises d'un jour. Cet apprentissage glorieux est le but même de toute sa vie, soit individuelle, soit collective; le but de toutes les aspirations de son cœur, comme de toutes les institutions et

de toutes les tranformations sociales, le but
vers lequel doivent se diriger, par conséquent,
tous ses efforts, tous ses travaux, toutes ses
espérances et tous ses vœux, car tout ce qu'il
poursuit ici-bas sous des noms divers, tout ce
qui est digne de son estime et de son amour,
tout ce qui est nécessaire à son bonheur et à sa
vie, tout est sommairement compris dans cette
unique prière : que ton règne vienne ! Disons-la
donc, non pas seulement de bouche mais de
cœur, de manière à montrer que nous en sentons toute la portée et que nous en voulons, de
toute notre âme, l'accomplissement. Oui, Seigneur, qu'il se réalise toujours plus et toujours
mieux ce règne qui est celui de la vérité et de
la justice, par conséquent celui du bonheur
pour toutes les créatures ! Qu'il vienne bientôt,
dans sa plénitude, en nous, hors de nous, dans
la société comme dans les âmes ! Qu'il vienne
par la connaissance de ton nom, de tes perfections adorables, de ton Evangile de lumière et

de salut ! Qu'il vienne par la pénétration toujours plus grande de ta loi sainte, non-seulement dans le code de nos lois humaines, mais
dans les consciences et dans les cœurs ! Qu'il
vienne, enfin, par l'accomplissement toujours
plus parfait de ta volonté jusqu'à ce qu'elle soit
faite sur la terre comme dans le ciel ; jusqu'à
ce que nous entrions tous ensemble dans ces
nouveaux cieux et dans cette nouvelle terre où
la paix et la justice habiteront pour jamais !

IX

LA PATRIE.

LA PATRIE.

Le psaume auquel ces paroles sont empruntées fut composé pendant la captivité de Babylone et pour en déplorer les malheurs. « Nous
nous sommes assis près des fleuves de Babylone, disent les pauvres exilés, et nous y avons
pleuré au souvenir de Sion; ceux qui nous
avaient emmenés prisonniers nous ont demandé de leur chanter les paroles de nos cantiques;
mais comment pourrions-nous chanter les cantiques de Sion sur une terre étrangère? « Jérusa-

lem, si je t'oublie, que ma droite s'oublie elle-même et que ma langue s'attache à mon palais, si je ne te prends pour le premier objet de mon souvenir! »

Vingt-cinq siècles nous séparent de la grande grande catastrophe qui inspira ces amères lamentations. Jérusalem et Babylone ont, depuis bien longtemps, disparu de la terre où le voyageur retrouve à peine quelque trace effacée de leurs débris; et cependant le cantique de ces exilés, qui pleurent leur patrie absente dont ils ne veulent pas profaner le souvenir, nous émeut encore, après tant de siècles, comme s'il s'agissait d'une récente douleur. C'est que nous y retrouvons le cri toujours vivant du cœur humain; c'est que l'amour de la patrie est un de ces sentiments primitifs et universels dont l'expression naïve nous touche et nous intéresse toujours.

Je viens vous parler aujourd'hui de ce sentiment, non pas pour en faire l'objet d'une émotion fugitive, mais pour vous montrer la place qu'il doit occuper dans l'œuvre du progrès social et de la sanctification des âmes ; mais pour ouvrir vos cœurs à des inspirations généreuses, que l'Évangile a purifiées encore et ennoblies, en les élevant à la hauteur de la religion universelle et de l'éternelle patrie des esprits.

La grande société humaine, à laquelle nous appartenons tous, ne serait guère, pour nous, qu'une idée abstraite et stérile, si elle ne prenait une forme plus réelle et plus visible dans la société particulière où chacun de nous se trouve comme incorporé. C'est cette personnification vivante de la société qu'on appelle la patrie.

Ne me demandez pas une définition plus rigoureusement précise de ce grand nom. Ne me demandez pas d'analyser minutieusement, dans le sentiment qu'il nous inspire, la part qu'il faut faire aux habitudes morales et celle qui revient aux habitudes matérielles. Sans doute, le sol, le climat, le ciel de notre pays forment, entre nous et lui, comme autant de liens invisibles qui ne se rompent pas impunément. Le pauvre Groënlandais, quand on le transporte loin de ses solitudes glacées, et l'Arabe vagabond, quand on l'arrache à la brûlante immensité de son désert, éprouvent également les souffrances et les langueurs de l'exil. Mais, vous le comprenez, si le patriotisme a des racines jusque dans ces habitudes matérielles qui tiennent à l'organisation elle-même, c'est dans les habitudes morales qu'il puise son meilleur aliment et ses meilleures influences. Ce sont les institutions, les lois, la langue, les mœurs ; ce sont toutes les traditions et toutes les affections sociales réunies, dont les impressions, répétées et rendues plus puissantes par une longue habitude, forment peu à peu dans les cœurs l'image vivante de la patrie.

A quoi bon, d'ailleurs, de plus longues ex-

plications? Le propre de tous les sentiments
vrais est d'échapper à toute définition rigou-
reuse et de ne pas en avoir besoin. Ils naissent
tout formés de l'instinct du cœur et croissent, pour ainsi dire, par l'impulsion de ce
premier jet. Allez demander à la mère pourquoi elle aime son enfant, ou à l'enfant pourquoi il aime sa mère. Allez leur demander
quelle est, dans le sentiment qu'ils éprouvent
l'un pour l'autre, la part de la nature et celle
de l'habitude, la part du corps et la part de
l'âme. — Ils ne vous comprendront même
pas et ne vous répondront qu'en se nommant :
Je l'aime parce que c'est mon enfant. — Je
l'aime parce que c'est ma mère. — La patrie
aussi est une mère, car c'est elle qui nous a
véritablement enfantés à la vie spirituelle, en
nous faisant profiter de toutes les ressources
accumulées par le long travail des générations.
C'est elle dont la parole bien-aimée a fait arriver la lumière à notre intelligence et la vie mo-

rale à notre cœur ; c'est elle dont la tutelle
bienfaisante protége encore journellement nos
travaux, nos loisirs, nos affections, notre liberté, notre honneur, tout ce qui nous rend
vraiment hommes, tout ce qui nous fait aimer
la vie, et pour sentir tout ce que vaut cette
protection salutaire, il suffit de se représenter
l'inexprimable malheur de ceux qui l'auraient
perdue. Placez-vous, par la pensée, dans la
situation de ce peuple infortuné qui faisait entendre, sur les rives étrangères de l'Euphrate,
le cantique plaintif de l'exil. Cette patrie, dont
vous jouissez maintenant, comme de tant d'autres biens, sans y prendre garde, essayez de
vous la représenter envahie, désolée, oppri-
mée, mourante de cette agonie morale dont
meurent les peuples ; représentez-vous son ter-
ritoire dévasté, son nom déshonoré, sa langue
profanée, ses enfants dispersés et bafoués parmi
les nations.... Vous frémissez ; vous sentez que
la patrie n'est pas une image vaine, un mot

sans réalité ; et celui qui ne le sentirait pas,
celui qui porterait légèrement un pareil malheur, celui à qui tant de liens rompus ne feraient éprouver aucun déchirement, celui-là
serait, ou bien supérieur à toutes les faiblesses
terrestres, ou, au contraire, bien enfoncé dans
les liens égoïstes de la matière et de la chair ;
ou quelque chose de plus, ou quelque chose
de moins qu'un homme ; et je vous laisse à décider lequel de ces deux cas doit être présumé
le plus rare.

Oui, notre vie tout entière est tellement in-
corporée à celle de la société dont nous sommes
membres, que le patriotisme devrait se confondre, en quelque sorte, avec l'instinct de
notre propre conservation. Mais, pour devenir
une vertu, cette affection instinctive doit recevoir la consécration de la libre volonté, et
même, quand il le faut, celle du dévouement
et du sacrifice. La patrie ne demande pas moins
à tous ses enfants, en retour des bienfaits dont

ils lui sont redevables. Elle n'existe même qu'à cette condition ; elle ne vit, à son tour, que de leur vie, elle s'alimente non-seulement de leur obéissance, mais de leur amour et de leur dévouement filial. Car si le respect pour les institutions et pour les lois de la patrie est, comme nous l'avons montré dans notre précédent discours, la condition indispensable de sa prospérité ; cette condition en suppose une autre, qui est, que la loi soit écrite dans le cœur, que l'obéissance ne soit pas seulement passive et inerte, mais vivante, et c'est l'amour de la patrie qui lui donne ce caractère.

D'ailleurs, les lois ne peuvent ni tout régler ni tout voir ; elles ne peuvent déterminer, pour tous les cas, la mesure des devoirs et des sacrifices. Il se rencontre souvent, dans la vie des nations comme dans celle des individus, des circonstances décisives et solennelles, où la pratique des devoirs ordinaires ne suffit plus, où la société, aussi bien que l'individu, a be-

soin de ramasser toutes ses forces, comme en
un suprême effort, pour résister au danger ou
pour le vaincre. Et où sont les forces vives de
la patrie, si ce n'est dans l'amour que lui portent tous ses enfants? Quel est son rempart le
plus inexpugnable, si ce n'est celui qu'ils lui
font avec leurs cœurs? Celui-là tombé, tous les
autres tombent; celui-là debout suffit, à lui
seul, pour remplacer tous les autres. Quand
une armée de barbares vint saccager de fond
en comble la ville d'Athènes, les Athéniens
emportèrent la patrie sur leurs vaisseaux, parce
qu'ils avaient son amour dans le cœur. Quand
une fois elle fut morte dans leur cœur, les édifices reconstruits ne purent pas la faire revivre.
Cet exemple s'est reproduit, sous une forme ou
sous une autre, dans l'histoire de tous les
peuples antiques. C'est l'amour de la patrie qui
les a faits grands; c'est l'affaiblissement de cet
amour qui a causé leur décadence, et c'est sa
mort qui les a tués. Il en sera de même tou-

jours. On ne conserve une patrie qu'à la condition de l'aimer sincèrement, jusqu'au dévouement le plus absolu, et jusqu'au sacrifice même
de la vie.

Mais que parlé-je ici de dangers pressants et
de circonstances solennelles? Est-ce que les
occasions de devoirs à remplir et de sacrifices
à faire, dans l'intérêt de la patrie, ne se présentent pas tous les jours? Est-ce que le bon
ordre, la paix intérieure, l'harmonie mutuelle
entre tous les membres de ce grand corps, ne
lui sont pas aussi nécessaires que l'indépendance et la sécurité à l'égard des ennemis extérieurs? Est-ce que nous n'avons pas tous à lui
faire journellement, dans ce but, le sacrifice
de nos préjugés, de nos intérêts, de nos ambitions, de nos vanités jalouses et de toutes nos
mauvaises passions? Est-ce que tout cela aussi
ne lui est pas nécessaire pour être paisible,
pour être grande, pour être forte, pour faire
le bonheur et la gloire de tous ses enfants? —

Ah ! quand ses enfants ne lui donnent pas cela, quand ils ne l'aiment pas réellement comme une mère, quand ils n'ont pour elle, en dehors des devoirs prescrits par la loi, qu'oubli et qu'indifférence, quand ils ne couvrent de son nom sacré que des intérêts de parti ou des ambitions personnelles, quand ils veulent tout recevoir d'elle et n'ont jamais rien à lui offrir, vous pouvez être assurés que sa ruine, plus ou moins rapide, est désormais inévitable ; ou plutôt, vous pouvez dire que cette ruine est déjà commencée ; car le patriotisme qui s'éteint chez un peuple, c'est, ni plus ni moins, l'âme de ce peuple qui s'en va, et vous savez ce que devient le corps, une fois que l'âme s'en est allée.

Malheur donc au pays et au peuple d'où cet esprit de vie commence à se retirer ! Malheur aux habitants de ce pays et aux membres de ce peuple, quand ils attendent les grandes occasions pour témoigner de l'amour qu'ils ont pour leur patrie ! Ces occasions ne viendront jamais à leur gré, ou, quand ils les croiront venues, il sera déjà trop tard. Lorsque l'empire d'Orient fût prêt à tomber sous l'effort réitéré des mahométans et plus encore sous l'action incessante et délétère de sa propre corruption, le dernier de ses empereurs, qui conservait seul encore une âme romaine, convoqua les principaux habitants de sa capitale ; il leur exposa le danger, en faisant appel à leur dévouement. Ni l'or, ni les armes, ni les bras ne manquaient encore pour se défendre ; mais le patriotisme n'existait plus dans le cœur de ces Romains dégénérés, qui trouvèrent mille prétextes pour différer les efforts et les sacrifices. — Quelques jours après, toute illusion était impossible ; l'ennemi était aux portes ; l'étendart du croissant flottait autour des remparts ; les habitants effrayés accoururent, les mains pleines d'or et les yeux pleins de larmes, vers l'empereur. Mais celui-ci les renvoya, en

leur disant, avec une ironie amère, qui n'était
que trop méritée : Allez mourir avec votre or,
puisque vous n'avez pas pu vivre sans lui!—
Tel est le destin réservé à ces tardifs sacrifices
imposés par la peur et refusés à l'amour; des
regrets stériles et de stériles remords, sem—
blables à ceux d'un enfant qui voudrait réparer
ses torts envers une mère dont il ne retrouve-
rait plus que la tombe.

Tels étaient, sans doute, ceux du peuple
d'Israël, quand il déplorait son exil sur les rives
d'Euphrate, quand il s'écriait, dans l'amertume
de sa douleur : « Jérusalem, si je t'oublie, que
ma langue s'attache à mon palais et que ma
droite l'oublie elle-même ! » Si Jérusalem avait
pu sortir de ses ruines et prendre une voix pour
leur répondre : « Pourquoi, leur eût-elle dit,
cette piété tardive et ces tardifs souvenirs?
Pourquoi ne m'avez-vous pas témoigné plus tôt
cet amour, et d'une manière plus efficace?
Pourquoi n'avez-vous pas prêté l'oreille à la

22.

parole de mes prophètes, quand ils vous pressaient de renoncer à vos iniquités, à votre avarice, à vos vanités, à vos haines insensées? Pourquoi n'avez-vous pas voulu me faire vivre de votre vie, en revenant, de tout votre cœur, à mon Dieu et à votre Dieu? Pleurez maintenant et menez deuil sur Jérusalem; car Jérusalem a été oubliée, Jérusalem a été trahie, Jérusalem a été renversée par la propre main de ses aveugles enfants! »

Mais n'est-ce pas oublier trop longtemps l'influence morale du patriotisme au profit de son importance sociale? N'est-ce-pas oublier, surtout, que l'Évangile l'a remplacé, en le dépassant, par une meilleure et plus pure influence?

Je n'oublie rien de tout cela. Si j'ai fait une si large part à l'amour de la patrie dans le progrès ou dans la décadence des peuples, je n'ai parlé que d'après une expérience universelle dont le témoignage est incontestable; et cette large part s'explique précisément par l'influence morale de ce sentiment fécond sur les mœurs privées ou publiques, et sur toutes les habitudes de la vie. Quand l'amour de la patrie est réellement vivant chez un peuple, quand il s'empare des âmes avec la puissance d'un intérêt dominant, il y laisse moins de place aux passions jalouses, aux convoitises égoïstes, à la sensualité, à la vanité, à l'avarice; il fait taire les rivalités, concilie les divergences et entretient partout « cette paix dans laquelle doivent être semés les fruits de la justice; » il fait circuler, dans tous les membres du corps, un esprit vivifiant, une sève abondante et généreuse qui en alimente la santé, la force et la vie; il imprime, enfin, aux actions, aux habitudes, aux caractères, je ne sais quelle majesté sereine qui commande, partout où on la rencontre, l'admiration et le respect, et qui est, sans contredit, une des gloires les plus vraies et les plus pures de l'humanité.

Dites, après cela, que cette vertu a été souvent ou incomplète ou excessive, ce qui est une autre manière d'être incomplète ; dites qu'elle a produit, plus d'une fois, des mœurs dures et même féroces ; je le reconnaîtrai comme vous. Mais quel sentiment humain n'a pas mérité le même reproche et ne pourrait pas être réputé mauvais ou dangereux, si on le jugeait d'après ses lacunes ou d'après ses excès? Les affections les plus douces du cœur humain, celles de la famille, peuvent aussi, quand elles sont exclusives ou aveugles, enfanter des haines furieuses et des vengeances atroces. — Faudra-t-il, pour cela, condamner la famille? — Les sentiments plus élevés encore qu'inspire la religion peuvent aussi, à certaines époques et dans certaines âmes, produire des fruits amers, des passions terribles, et le fanatisme religieux n'a pas moins versé de sang ni rendu les caractères moins cruels que tout autre fanatisme. Faudra-t-il, pour cela, proscrire la religion? — Qui ne voit que l'homme porte partout avec lui et ses faiblesses et ses erreurs? Qui ne voit que tous ces abus révoltants, dont il serait facile d'accroître la liste, ne sont, après tout, imputables qu'à l'égoïsme même et aux vices du cœur humain? Il n'est donc pas étonnant que dans un temps où toutes les passions des hommes étaient encore rudes et féroces comme eux, le patriotisme ait participé à cette rudesse des mœurs générales. Mais il n'en est pas moins vrai qu'il a contribué puissamment à les améliorer et à les adoucir. Il n'en est pas moins vrai qu'en arrachant les hommes à leurs convoitises égoïstes et grossières, à leurs préjugés de famille ou de caste, à leur état naturel de lutte et de guerre les uns contre les autres ; en leur apprenant à s'oublier et à se dévouer pour un intérêt qui n'était pas immédiatement le leur, et pour une gloire qui n'était pas leur gloire personnelle, il a bien réellement élevé le niveau moral des âmes, et les a ainsi préparées à des progrès plus grands, à une plus complète et plus haute moralité.

Or ce qu'il a fait une fois, il doit et il peut le faire toujours; car rien de ce qui est véritablement humain, rien de ce qui est une fois entré dans le plan immuable de la Providence pour le perfectionnement des âmes humaines, n'a été ni ne peut être aboli. Ce qu'il faut abolir, c'est le fanatisme étroit qui altère, en s'y mêlant, nos sentiments les meilleurs. Ce qu'il faut abolir, ce sont les rivalités haineuses et insensées qui, trop souvent, ont armé les peuples les uns contre les autres, en exploitant, à leur profit, le saint nom du patriotisme. Et voilà précisément ce que l'Évangile a voulu abolir quand il a dit par la bouche de saint Paul, Il n'y a plus désormais ni Juif ni gentil, ni Grec ni barbare. Voilà le but suprême vers lequel il a voulu diriger nos vœux et nos efforts, en nous représentant l'humanité tout entière, comme un seul troupeau sous un seul pasteur,

comme une grande famille réunie dans l'amour
du père commun, comme un seul corps animé
d'un seul esprit, l'esprit de Christ, l'esprit de
Dieu ! — Mais à Dieu ne plaise que l'Évangile
ait voulu abolir, dans nos langues modernes,
le grand nom de la patrie, ni dans notre cœur,
aucune des saintes affections qu'il inspire. C'est
comme si on l'accusait d'avoir voulu détruire
la piété filiale, parce qu'il a dit, quelque part :
« Celui qui aime son père et sa mère plus que
moi n'est pas digne de moi. » L'Évangile, ne
l'oublions pas, est profondément et complète-
ment humain, précisément parce qu'il juge les
hommes de plus haut, et il veut avoir affaire
à des hommes qui agissent et qui vivent dans
toute la plénitude de leur vie et de leur cœur.
« Ces affections premières, a dit excellemment
un écrivain dont le christianisme n'est pas sus-
pect, ces éternels instincts de la nature, sans
lesquels la vie ne serait pas une vie humaine,
et qui, propices à notre faiblesse, divisent,

pour ainsi dire, en plusieurs intervalles modérés, l'échelle invisible par où notre âme s'élève à son suprême objet, ces affections et ces instincts ne peuvent être niés sans qu'il en résulte un dommage immense pour la religion elle-même. » Aussi l'Évangile ne les a-t-il jamais méconnus. S'ils n'y sont pas clairement et directement rappelés, c'est, comme l'a dit encore, avec raison, le même écrivain, parce que l'Évangile les suppose, de même qu'on ne voit pas les fondements d'une maison, précisément parce que ce sont les fondements, et parce qu'ils soutiennent tout. Cette réflexion peut s'appliquer tout particulièrement à l'amour de la patrie. S'il n'est pas directement commandé dans l'Évangile, il y est partout supposé. Il est supposé dans le grand commandement de l'amour du prochain, par la raison bien simple que, pour faire le plus, il faut d'abord faire le moins, et que si nous devons aimer tous les hommes, sans exception, nous devons aimer d'autant plus ceux qui nous sont unis par quelque relation plus étroite. — Il est supposé dans ce simple raisonnement de saint Jean : « Comment celui qui n'aime pas son frère qu'il voit pourra-t-il aimer Dieu qu'il ne voit point? » Car, peut-on dire également, comment celui qui n'aime pas le frère qu'il voit et avec lequel il est déjà lié par la communauté du sang, de la langue et de la patrie, pourrait-il aimer le frère qu'il n'a jamais vu, qu'il ne verra probablement jamais, et dont tout un monde le sépare? — Il est supposé, enfin, que dis-je? il est visible à tous les yeux, dans cette sollicitude si tendre de Jésus-Christ pour « les brebis perdues de la maison d'Israël ; » dans ces appels si pressants, dans ces regrets si expressifs, dans ces adieux si mélancoliques adressés par celui que nous appelons le Sauveur de l'humanité, au peuple infortuné dans le sein duquel il a voulu naître et mourir : « Ne pleurez pas sur moi, filles de Jérusalem, pleurez sur vous et sur vos enfants ! — Jérusalem, qui tues les prophètes, combien de fois ai-je voulu rassembler tes enfants comme la poule rassemble sa couvée sous son aile, et vous ne l'avez pas voulu ! Jérusalem, Jérusalem, oh ! si tu eusses connu, dans ces jours qui te restaient pour te convertir, les choses qui intéressent ton éternelle paix !... »

Qu'avons-nous donc besoin de justifier, au nom de l'Évangile, un sentiment que le fils de Dieu lui-même n'a pas dédaigné de partager, et qui s'est purifié, en passant par cette âme pure et sainte, de toutes ses faiblesses et de toutes ses imperfections ? Qu'avons-nous à faire à notre tour, que de le recevoir de lui ainsi ennobli et purifié, mais d'autant plus fécond pour le progrès de la société et pour la sanctification des âmes ? Gardons-nous d'opposer l'un à l'un à l'autre des sentiments également nécessaires qui se complétent mutuellement et qui sont également destinés par la Providence

à l'éducation progressive du cœur humain.
L'humanité est au-dessus de la patrie comme
Dieu est au-dessus de l'humanité. Mais c'est
déjà l'humanité que nous aimons dans la patrie
qui la représente, comme nous aimons Dieu
dans les hommes qui sont ses enfants. L'Évangile a abaissé à hauteur d'homme les barrières
qui existaient entre les peuples ; il les a, pour
ainsi dire, rendues transparentes, pour que les
hommes de tout pays et de toute langue pussent
s'adresser un fraternel regard et se tendre la
main d'association. —Mais il a laissé subsister,
bien plus, il a revêtu d'une sanction plus haute et
plus sainte, tout ce qui peut protéger une vertu,
un progrès, un développement de la vie morale
des âmes. — Ne soyons pas plus sages que
Dieu, plus chrétiens que l'Évangile, plus humains que l'humanité ; ne supprimons pas, sous
prétexte d'aller plus vite, un seul de ces degrés
établis par Dieu même pour faire remonter notre
âme à la suprême perfection, qui est le terme

de ses destinées. Ceux qui sont arrivés le plus haut ne pourraient, sans vertige et sans péril pour eux-mêmes, rejeter l'échelle invisible qui leur a servi de chemin. — Combien moins ceux qui ont franchi à peine les premiers degrés! pour avoir voulu se priver de cet appui précieux, ils ne tarderaient pas à retomber, de tout leur poids, sur la terre. Pour avoir voulu se faire une religion et une humanité plus grandes que nature, ils ne tarderaient pas à se retrouver en face d'une religion et d'une humanité mutilées, sans autre point d'appui que leur égoïsme agrandi et divinisé par leur orgueil.

Oui, la patrie, comme la famille, est nécessaire, non-seulement à notre sécurité matérielle et à notre bonheur temporel, mais à la vie spirituelle et morale de notre âme. On ne peut la supprimer sans supprimer, du même coup, tout un ordre de sentiments et de devoirs qui laisseraient, en se retirant, un vide immense dans notre cœur, et qui entraîneraient, pour notre âme ainsi amoindrie, un incalculable abaissement. — N'est-ce pas un motif de plus pour l'aimer, en effet, cette mère précieuse, pour nous attacher à elle avec la puissance réunie de nos intérêts terrestres et de nos immortelles espérances? N'est-ce pas un motif de plus pour nous associer, de tout notre cœur, au sentiment si énergiquement exprimé par le psalmiste : Jérusalem, si je t'oublie, que ma droite s'oublie elle-même ! — Nous aussi, nous avons une Jérusalem dont le nom n'est pas moins doux à notre oreille et à notre cœur que celui de la Jérusalem ancienne aux oreilles et au cœur de l'enfant d'Israël. La nôtre, grâce à Dieu, n'est ni conquise, ni asservie, ni dé-vastée, et nous ne sommes pas réduits à la cruelle nécessité de cultiver son souvenir au milieu des douleurs de l'exil. Mais elle n'en a pas moins besoin de toute notre fidélité, de tout notre dévouement, de tout notre amour. Elle en a doublement besoin, dans ces temps agités d'un mouvement plus rapide, qui emporte les hommes et les choses vers les plages encore inconnues de l'avenir. Elle en a besoin pour être heureuse et pour protéger efficacement le bonheur de tous ses enfants. Quel est celui de ses enfants qui pourrait lui refuser cet amour qu'elle lui demande? Ai-je besoin de leur dire tout ce qui doit la leur rendre aimable? Ai-je besoin de la flatter et de l'embellir pour la rendre telle à leurs yeux? Dieu me préserve de la flatter, car on ne flatte pas ce qu'on aime! Dieu nous préserve de nous enivrer, sous son nom, de notre propre louange! Mais si l'habitant des glaces polaires et celui des brûlants déserts de l'Afrique s'attachent, avec toute la puissance d'une vive affection, au sol déshérité qui les a vus naître, le nom de notre patrie à nous, le nom de cette France si favorisée de la terre et du ciel, si riche par les dons de la nature et par ceux de l'intelligence, ne dirait-il rien à notre cœur, ou n'y réveillerait-il qu'une

vaniteuse et stérile sympathie ? Serions-nous
assez ingrats pour oublier ce que nous lui devons de bienfaits et de services ? Serions-nous
assez aveugles et assez insensés pour ne pas
sentir que tout notre bonheur et toute notre
sécurité, tout notre présent et tout notre avenir,
toutes les racines de notre vie materielle et
toutes celles de notre vie morale, tiennent,
pour ainsi dire, à ce sol sacré d'où l'égoïsme
et l'indifférence ne pourraient les arracher im-
punement ? — Ah ! je ne ferai pas cette séparation sacrilége ; je n'essayerai pas de les
dénouer ou de les affaiblir, ces liens précieux
dont la rupture me serait si douloureuse. Terre
de mon pays, terre de France, moi aussi je
puis te dire, comme les exilés de Jérusalem :
Si je t'oublie, que ma droite s'oublie elle-
même, et que ma langue s'attache à mon palais, si je ne te mets parmi les premiers objets
de mon souvenir ! Je ne t'oublierai pas, car je
t'aime ; je t'aime comme l'Hébreu captif aimait

la terre des bénédictions et des promesses, comme l'enfant aime la mère qui l'a nourri de sa substance et de son sang. J'aime ton sol fécond et ton ciel tempéré, où toutes les harmonies de la nature se sont rencontrées pour rendre plus facile et plus douce la vie de l'homme. J'aime ta langue lumineuse, limpide comme le cristal, pénétrante comme le tranchant du glaive, rapide comme la pensée qu'elle semble destinée à propager; j'aime ta loyauté antique et ta générosité souvent imprudente, et toutes tes gloires séculaires. Mais j'aime encore mieux ton bonheur, et j'ai, comme le poëte, des larmes pour toutes tes douleurs et pour toutes tes misères. Je ne t'oublierai ni dans mes souvenirs ni dans mes vœux. Pour l'amour de mes frères et de mes amis, je prierai, comme le psalmiste, pour la paix de Jérusalem. Puisse ton sol, enfin raffermi, nourrir dans l'abondance et la paix tes nombreuses générations! Puissent tes enfants, abjurant des dissentiments funestes et des haines insensées, se presser, tous ensemble, autour de toi et réjouir tes regards maternels par le spectacle de tous les cœurs réconciliés, de toutes les volontés réunies dans un même intérêt, celui du bonheur de tous, qui est le tien! Puissent-ils travailler de concert à te procurer la seule gloire dont tu n'aies pas été assez jalouse, celle d'un peuple dont l'Éternel est le Dieu, et qui garde fidèlement ce précieux héritage! Puisses-tu, enfin, par leur universel concours, briller bientôt parmi les nations, non pas avec l'éclat éblouissant du météore et de la tempête, mais avec cette lumière paisible et sereine des bonnes œuvres, qui fait glorifier le Père céleste, et qui doit remplir, un jour, la terre consolée et régénérée, de la connaissance de l'Éternel !

X

L'ÉGLISE.

L'ÉGLISE.

.Lui-même donc a établi les uns apôtres,
les autres prophètes, les autres évangélistes, les autres pasteurs et docteurs pour
travailler à la perfection des saints, à l'œuvre du ministère, à l'édification du corps
de Christ !

(ÉPHÉS. iv, 11, 12.)

De tous les liens sociaux qui unissent les hommes à leurs semblables, le plus large, à la fois, et le plus parfait, est celui de la religion, au moins depuis que l'Évangile nous a révélé la religion vraie, celle du Dieu unique et suprême qui est le père de tous. — Tandis que toutes les autres relations humaines se renferment, par leur nature même, dans une sphère

24

plus ou moins étroite, mais toujours détermi-
née, d'où elles ne peuvent sortir, celle que
l'Évangile a créée n'admet de limites ni dans
l'espace, ni dans le temps ; elle embrasse
toutes les familles, toutes les conditions, toutes
les sociétés particulières, dans une plus haute
et plus vaste unité, aussi haute et aussi vaste
que la charité même de Dieu.

La religion est donc le couronnement nécessaire de l'édifice social, comme elle en est
la base la plus solide et le ciment le meilleur.
Elle est l'esprit vivifiant, elle est la source première et féconde où s'alimente la vie supérieure
des âmes. Elle exerce sur les hommes réunis
en société une action qu'on peut appeler immédiate, individuelle, allant, pour ainsi dire,
directement de Dieu à l'âme, par le chemin de
la conscience et de la foi. C'est ce que nous n'a-
vons jamais perdu de vue dans la suite de nos
discours. Après avoir demandé à l'Évangile le
vrai principe sur lequel la société repose, qui est

l'unité du corps social par la subordination volontaire de tous les membres à l'harmonie et à la
santé générales ; après avoir montré que le devoir commun de chaque membre, dans les fonctions les plus diverses, était de les employer au
service et dans l'intérêt de tous, comme un bon
dispensateur de toutes les grâces de Dieu ; nous
avons essayé de faire pénétrer ces principes
chrétiens dans tout le travail humain, dans
l'industrie, dans l'agriculture, dans le commerce, dans les beaux-arts, dans la science,
dans le respect pour la loi, dans le patriotisme
lui-même, et nous sommes bien convaincus
que, du jour où ils y pénétreraient complète-
ment, du jour où cet esprit chrétien dominerait
toutes les idées, toutes les consciences, toutes
les habitudes de la vie, de ce jour, la paix, le
bonheur, le progrès matériel et moral de la
société tout entière seraient pleinement assurés.

Mais, outre cette influence individuelle et

immédiate qui est certainement la plus importante, la religion en exerce une autre plus extérieure, plus apparente, et qui, bien qu'elle
ne doive jamais être séparée de la première,
dont elle n'est, en réalité, qu'un instrument,
mérite, néanmoins, d'être examinée en elle-
même et de fixer, à son tour, notre attention.
C'est celle qu'exercent sur la société les diverses institutions chrétiennes dont l'ensemble
constitue ce qu'on appelle l'Église. C'est celle
dont j'ai à vous entretenir aujourd'hui.

L'Évangile ne s'est pas borné à tracer l'idéal
d'une société parfaite dans ce royaume de Dieu,
dont nous devons tous demander et préparer
l'avénement. Il en a commencé la réalisation
sur la terre, et c'est dans ce but que l'Église a
été fondée. L'Église est une société spirituelle
destinée à réaliser progressivement, dès à présent, tous les grands principes dont se compose
la vérité chrétienne. Elle a été jetée dans le
monde, au milieu de la société générale, comme

un levain régénérateur, pour les purifier et les
transformer peu à peu à son image Tel a été
son véritable rôle dès son origine ; tel il est encore aujourd'hui. Ce rôle détermine nettement
la position que l'Église doit prendre à l'égard
du monde, et qui est la condition première de
son action.

Pour que cette action soit efficace et salutaire, pour que l'Église devienne réellement,
dans le monde, ce levain régénérateur, il faut,
avant tout, qu'elle comprenne bien sa mission,
et qu'elle l'embrasse résolûment, sans la dépasser ni l'amoindrir. —Sans la dépasser, en voulant conquérir le monde pour l'absorber à son
profit, au lieu de se laisser absorber par lui,
pour le pénétrer de sa propre vie. — Sans
l'amoindrir, en se posant à l'écart comme une
exilée, comme une étrangère, venue seulement
pour protester, pour condamner et pour maudire. L'Église ne peut exercer son influence
régenératrice qu'en restant dans un contact

perpétuel avec le monde, sans pourtant jamais se confondre avec lui.—Jamais confondue.—Jamais séparée.—Confondue, ce serait comme si elle n'existait pas. Si les premiers chrétiens n'avaient pas formé entre eux une société plus intime, une phalange pacifique, capable de pénétrer, par sa propre impulsion, à travers l'épaisse couche de corruption et d'erreur qui enveloppait de toutes parts le monde païen, jamais, humainement, du moins, et Dieu, pour agir sur les hommes, a voulu se servir d'instru-ments humains, jamais la vérité chrétienne n'aurait franchi la limite de la Judée et des premiers temps apostoliques, et les éléments de vie qu'elle portait dans son sein se seraient perdus, par leur dispersion prématurée, comme se perdent l'arome et le parfum d'une liqueur précieuse, quand on la laisse évaporer dans les espaces libres de l'air. Ce danger, pour être moins grand et moins immédiat, depuis que l'Évangile a fait son chemin dans le monde, n'en serait pas moins réel encore aujourd'hui. L'expérience a prouvé surabondamment que l'Église, même dans les temps de sa plus grande puissance, n'avait rien à gagner à se confondre avec le monde, quand ce serait pour le dominer, et que sa véritable influence se perd en se répandant hors de sa sphère naturelle. Si les mœurs, l'opinion, l'esprit du temps, ne rendaient pas désormais une telle confusion impossible, elle aurait encore infailliblement le même résultat ; l'Église aurait beau mettre le monde sous ses pieds, le lendemain de cette conquête apparente elle serait tout étonnée de ne plus se retrouver elle-même, elle n'aurait fait que changer de rôle avec le monde, qui n'aurait lui-même changé que de nom.

L'inconvénient ne serait pas moindre dans le cas de la séparation. L'action du ferment ne peut se faire sentir à la masse qu'en la pénétrant tout entière, et en se mettant partout en contact avec elle. Il en est de même de l'Église.

Si donc elle se tenait à l'écart pour se donner je ne sais quelle mission qui n'aurait plus la conversion du monde pour objet ; si elle fuyait au désert, sous prétexte d'éviter la contagion du mal qui est dans le monde ; si elle se retirait dans l'étroite enceinte d'un parti, d'un formulaire, d'un système, sous prétexte d'y garder plus fidèlement, comme dans une forteresse, le précieux dépôt qui lui a été confié, elle méconnaîtrait sa propre nature, elle manquerait à son premier devoir, elle imiterait le serviteur de la parabole, qui enfouit son talent pour ne pas le perdre ; et que répondrait-elle à celui qui demandera compte à tous, mais principalement à elle, de tous les talents reçus ? Que répondrait-elle à celui qui lui a dit : « Comme j'ai été envoyé, je vous envoie ; allez ; instruisez toutes les nations ; vous êtes une ville placée sur une montagne qui ne doit pas demeurer cachée ; vous êtes une lumière qu'on n'allume pas pour mettre sous le boisseau ; allez ; les anciens prophètes n'étaient envoyés qu'aux tribus d'Israël et de Juda, mais votre champ à vous, c'est le monde? » Église de Jésus-Christ, qu'as-tu fait de cette mission glorieuse ? qu'as-tu fait de ces nations que je t'avais données à instruire, et de cette lumière que tu devais élever si haut? qu'as-tu moissonné pour moi, dans ce vaste champ du monde? qu'as-tu fait de toutes ces âmes vers qui je t'avais envoyée pour les chercher et pour les sauver? — Et il suffirait à l'Église de répondre : Seigneur, je me suis gardée moi-même, moi et le petit troupeau que je t'ai choisi; voici maintenant ce qui est à toi! — Ah ! cette infidélité ne lui profiterait pas, même pour sa propre conservation. L'Église ne peut croître et grandir qu'en s'assimilant les éléments du monde, à mesure qu'elle les transforme, et c'est par là seulement que le grain de sénevé peut devenir un grand arbre. Que l'Église, au contraire, se retire et se concentre en elle-même, l'arbre qui devait croître en

pleine terre et en plein soleil dépérira, faute
d'aliment, sous l'atmosphère et dans le terroir
factices de la serre chaude. — Parlons sans figure; l'Église, en s'isolant toujours plus des
idées et des habitudes du monde, c'est-à-dire
du mouvement et de la vie, périrait bientôt,
dans son isolement, de famine et d'inanition.
L'abîme qu'elle aurait ouvert se creuserait toujours davantage, et le monde, qu'elle ne com-
prendrait plus, passerait lui-même à côté d'elle
sans la reconnaître, car il est impossible de
reconnaître l'Église de Jésus-Christ dans les
stériles aberrations de ce mysticisme solitaire,
dernier et inévitable terme où vient fatalement
aboutir l'esprit de séparation.

Du reste, cette question si grave des rapports de l'Église avec le monde s'éclaircira
d'elle-même, si on la pose, non dans les nuages
d'une théorie, mais sur le solide terrain des
faits et de la pratique, qui est celui de l'Évangile. Que l'Église accepte purement et simple-

ment la position telle quelle, que le temps, les circonstances, et, en définitive, la Providence lui ont faite. Qu'elle s'y établisse résolûment, dans la plénitude de sa vie et de son action, et s'il manque, sous ce rapport, quelque chose à influence, elle ne tardera pas à le conquérir.

Mais l'Église a des moyens particuliers d'influence dont il faut aussi tenir compte, et, au premier rang, parmi ces moyens, se trouve le ministère de ceux que saint Paul énumère, dans mon texte, sous les noms d'apôtres, de prophètes, d'évangélistes, de pasteurs et de docteurs. Pour porter la vérité chrétienne aux âmes qui ne la connaissent point encore, ou pour édifier, c'est-à-dire, pour affermir dans cette même vérité celles qui l'ont déjà reçue, il faut, de toute nécessité, des instruments humains. « Comment croiront-ils, dit saint Paul, s'ils n'ont pas entendu parler? Comment pourront-ils entendre parler, si personne ne leur prêche? Comment leur prêchera-t-on, si personne n'est envoyé ? » Toute idée a besoin, pour agir sur le monde, de s'incarner, pour ainsi dire, dans une forme visible et vivante. La sagesse ou la parole éternelle n'a pas dérogé à cette loi. Elle a paru, dans le monde, sous les traits et avec la gloire du Fils unique de Dieu. Puis elle a choisi, pour continuer son œuvre, des instruments de même nature. « Lui-même donc a établi les uns apôtres, les autres prophètes, les autres pasteurs et docteurs. » Depuis lors, leur ministère s'est perpétué par divers moyens qui se rapportent tous, plus ou moins directement, à cette mission primitive et divine. Les traditions, les coutumes, les convenances, ont pu amener sur ce point diverses modifications dont je n'ai pas à m'occuper ici. Mais, quelle que soit la forme d'après laquelle sont choisis et établis les pasteurs, une chose reste universellement reconnue, c'est la nécessité de cette vocation spirituelle qui détermine leur caractère ; c'est cet appel intérieur qu'ils doivent avoir entendu, comme saint Pierre, quand il fut réhabilité dans l'apostolat : « Simon, fils de Jonas, m'aimes-tu plus que ne font ceux-ci ? » — et auquel ils doivent pouvoir répondre, comme saint Pierre, malgré toute leur infirmité : « Oui, Seigneur, tu sais toutes choses, tu sais que je t'aime. » Qu'il n'affronte pas un ministère redoutable celui qui n'aurait pas entendu cet appel, ou qui n'y pourrait pas faire cette réponse. Qu'il ne se charge pas de conduire les âmes à Dieu celui qui ne se sentirait pas dévoré de l'amour de Dieu et des âmes. — Et, quant à ceux qui sont déjà engagés dans cette voie, qui ont déjà mis la main à cette œuvre, qui ont déjà fait, de bouche et de cœur, cette réponse au divin maître, qu'ils y retrempent souvent leur dévouement et leur fidélité. Désormais ils ne sont plus libres de leur choix ; ils ne s'appartiennent plus ; ils appartiennent à Dieu, à Jésus-Christ, à l'Église, à leurs frères. Chargés d'enseigner à tous à devenir, en toutes choses, de bons dispensateurs des diverses grâces de Dieu, il faut, avant tout, qu'ils prêchent d'exemple et qu'ils soient eux-mêmes fidèles dans la dispensation de cette grâce excellente du ministère évangélique. Le monde lui-même exige d'eux qu'ils se tiennent à la hauteur de leur vocation, et il serait scandalisé, tout le premier, si leur vie n'était ni plus digne, ni plus pure ou plus dévouée que celle des autres hommes. Que serait-ce si elle restait au-dessous du niveau vulgaire? Que serait-ce si la vanité, l'égoïsme, l'esprit d'ambition et d'avarice, l'esprit de domination et d'orgueil se trahissaient, à chaque instant, sous le costume et sous les insignes du pasteur? Sans doute la religion ne doit pas être confondue avec ses ministres; mais l'homme est ainsi fait, qu'aux yeux du plus grand nombre cette confusion aura toujours lieu jusqu'à un certain point. Quelle responsabilité de plus pour le pasteur! Quel sujet de réflexion, de recueillement, de vigilance!

Combien ne serait-il pas terrible d'avoir à se dire, au grand jour des rétributions : C'est moi qui ai fourni, à une foule d'âmes que je devais conduire à la lumière, des prétextes pour repousser ou, du moins, pour méconnaître la lumière ! « C'est à cause de moi, ministre de la vérité, que la vérité a été méprisée ou blasphémée ! »—Entendez cela, ministres du Christ de toutes les communions, pasteurs et docteurs de toutes les Églises ! Entendez cela et priez Dieu de faire éclater sa force dans votre faiblesse, afin de ne pas rester sous le poids d'une telle responsabilité; afin de ne pas exposer la vérité à être blâmée dans votre personne; afin de ne pas laisser perdre et corrompre, par votre faute, les âmes que vous deviez sanctifier et sauver !

L'Église agit encore sur le monde par l'ensemble de ses institutions et des symboles extérieurs de son culte qui sont aussi comme autant de canaux destinés à porter dans les âmes la vérité dont elle est dépositaire.

Tant que les sens, l'imagination, l'habitude, seront le chemin de notre esprit et de notre cœur, c'est-à-dire tant que l'homme conservera sa double nature à la fois sensible et spirituelle, les symboles et les formes seront nécessaires à la religion, car c'est par là qu'elle s'empare de son imagination et pénètre dans ses habitudes. Mais il faut que ces symboles et ces formes servent toujours de véhicule à la vérité et ne puissent jamais lui être un voile ou un obstacle. De là, d'abord, leur caractère le plus essentiel qui est d'être simples et vrais, de ne faire jamais prendre la forme pour le fond, et l'apparence pour la réalité. De là encore, pour dire quelque chose de plus précis, la double condition à laquelle ils doivent satisfaire.

Premièrement, une condition de continuité et de durée, d'ordre et de régularité. Le respect pour les traditions, l'autorité du temps et de la coutume, la continuité des impressions et des habitudes, sont nécessaires à la religion comme à tous les sentiments sérieux qui doivent occuper une place importante dans la vie humaine; sans cela il n'y a point de fixité ni de suite dans les idées, point de persévérance dans les sentiments, point de progrès dans les œuvres, point de bon et utile emploi des forces de l'âme qui se perdent en se dispersant. Quand les canaux sont ainsi rompus et brisés à chaque instant, les eaux fécondes et salutaires auxquelles ils devaient servir de conducteur ne peuvent arriver à leur destination.

Mais le résultat est le même si ces canaux s'oblitèrent et s'obstruent, c'est-à-dire si les formes et les symboles de la religion, au lieu de faire circuler partout la vérité et la vie, demeurent comme pétrifiés par la stagnante immobilité de la routine et de l'habitude. Le mouvement n'est pas moins nécessaire à la religion que la stabilité, car le mouvement c'est la vie.

La vérité satisfait, par elle-même, à cette double condition. Elle est, à la fois, toujours ancienne et toujours nouvelle. Toujours ancienne parce qu'elle est éternelle ; — toujours nouvelle parce qu'elle est éternellement féconde. Il faut que les formes qui la représentent participent à ce double caractère, et, pour cela, qu'elles se retrempent et se rafraîchissent sans cesse à la source même de la vérité.

La Bible nous offre un admirable exemple de cette progression jamais ralentie et jamais interrompue de la vie religieuse, depuis les premières jusqu'aux dernières pages de son histoire. — Moïse ne fait que continuer Abraham qui avait, lui-même, continué les patriarches. Les prophètes continuent la loi de Moïse dont ils dégagent toujours plus l'esprit fécond et vivifiant. Jésus-Christ, le divin docteur « qui tire de son bon trésor des choses anciennes et des choses nouvelles, » Jésus-Christ n'est pas venu, a-t-il dit lui-même, « pour abolir la loi ou les prophètes, mais pour les accomplir, » et il les accomplit, en effet, en tout ce qu'ils ont d'éternel ; mais il les accomplit sans les assujettir à la servilité des traditions stériles et mortes. Il déclare « que le sabbat est fait pour l'homme, et non pas l'homme pour le sabbat. » Il déclare le temps venu où le Dieu qui est esprit ne sera plus exclusivement adoré à Jérusalem ou à Samarie ; il élargit ce sein d'Abraham où tous les enfants de Dieu doivent désormais trouver place ; il remplace la justice pharisaïque par la grande loi de la liberté et de l'amour ; il fait de sa parole pleine d'autorité et de grâce, de sa vie dépensée à faire le bien, de son sang répandu sur la croix pour le salut des pécheurs, une semence féconde que le souffle de l'esprit de Dieu portera désormais jusqu'aux extrémités de la terre, et qui sera partout un principe de vie et de régénération.

— Ainsi fit saint Paul après Jésus-Christ ; ainsi firent tous les apôtres et tous les disciples ; ainsi ont fait les chrétiens éminents de tous les siècles qui ont exercé une grande influence sur l'Église, et par elle sur le monde. Ils ont innové quelquefois, c'est-à-dire qu'ils ont remis en lumière des vérités oubliées, ou les ont exprimées sous une forme plus vivante; mais ils ont innové avec prudence en modérant le mouvement des esprits plutôt qu'en le précipitant. Ils n'ont pas rompu les grandes traditions par lesquelles la vérité chrétienne était arrivée jusqu'à eux; mais ils les ont souvent rattachées plus haut; ils les ont rafraîchies et rajeunies à leur source qui est l'Évangile éternel; ils les ont vivifiées par leur parole vivante. L'Église ne doit pas cesser de faire comme eux. Elle doit le faire d'autant plus aujourd'hui, que jamais la lutte n'avait été plus vive entre ces deux tendances, également légitimes de l'esprit humain, entre l'autorité de la tradition et la liberté de la pensée; entre le désir de la stabilité et le besoin de mouvement. —Les uns, en haine des innovations violentes, adorent le passé jusque dans ses erreurs, et voudraient le reconstruire tout entier. — Les

autres, en haine des erreurs et des abus en-
vieillis par l'habitude, voudraient tout renverser pour rebâtir avec des ruines. — Cette lutte
qui est partout, dans tous les champs de la
pensée et de l'action, ne pouvait manquer
d'atteindre la religion, ce point culminant où
viennent aboutir tous les grands intérêts de la
vie humaine, et le christianisme, seule religion
vivante où puissent désormais s'abriter les
âmes. — En présence de cette lutte universelle, l'Église ne doit pas oublier que le danger
est égal pour elle, ou de laisser rompre vio-
lemment le grand courant de ses traditions, ou
d'en arrêter la circulation, c'est-à-dire le mouvement et la vie. Elle fera donc comme les
apôtres et comme Jésus-Christ lui-même ; elle
tirera de son bon trésor des choses anciennes et
des choses nouvelles ; elle ne brisera pas les liens
qui unissent le passé à l'avenir ; elle ne répu-
diera pas les convictions pour lesquelles ses pères
sont morts ; elle ne livrera pas aux vents les

symboles vénérés de sa vieille foi. — Mais elle ira les retremper incessamment dans ces dogmes consolateurs, dans ces vérités de grand prix, dans cette morale sublime, dans cette source divine de sève et de vie qui n'a pas cessé de découler de l'Évangile et de Jésus-Christ. Elle ne s'ensevelira pas elle-même sous les ruines des choses tombées. Elle n'attachera pas le vivant au cadavre, et l'esprit éternel à la lettre morte. Elle laissera « les morts ensevelir leurs morts, » et respectant, sans les adorer, tous les chrétiens éminents qui ont servi dans leur temps et à leur manière la cause de l'Évangile et de la vérité, elle fera comme eux ; elle se nourrira toujours plus et toujours mieux de cette vérité et de cet Évangile, et elle les exprimera dans la langue vivante de son temps, en se faisant tout à tous, comme saint Paul, afin d'en gagner, au moins, quelques-uns.

C'est ainsi qu'elle se montrera l'héritière intelligente de ses pères. C'est ainsi qu'elle fera honorer l'Évangile en portant partout, autour d'elle, la sainte contagion de sa lumière et de sa chaleur. C'est ainsi, enfin, qu'elle fera de tous ses enfants des propagateurs de la vérité, des instruments bénis de régénération et de salut. Car c'est, en définitive, par chacun de ses membres que l'Église doit agir sur le monde; c'est là son dernier et peut-être son plus puissant moyen d'influence.

En effet, ce qui est vrai de l'Église en général est encore vrai de chaque chrétien en particulier. Chaque chrétien est placé dans le monde, comme l'Église, pour lui être un levain régénérateur, et c'est à lui aussi bien qu'à elle que s'adressent ces paroles du maître : vous êtes le sel de la terre; vous êtes la lumière du monde; faites donc luire votre lumière devant les hommes afin qu'en voyant vos bonnes œuvres ils glorifient votre Père qui est aux cieux. — Chaque chrétien doit être comme les pasteurs et comme les apôtres eux-mêmes, un témoin de Jésus-Christ suivant cet ordre donné à tous : vous serez mes témoins depuis Jérusalem jusqu'aux extrémités de la terre ; les témoins de la vérité de mes paroles et de celle de mes promesses ; les témoins de la puissance régénératrice de mon esprit pour la sanctification et pour le salut des âmes. — Chaque chrétien, par la ferveur de sa foi et l'activité de son zèle, doit vivifier les symboles extérieurs de son culte, pour les empêcher de dégénérer en lettre morte, et pour leur communiquer l'esprit qui le fait vivre lui-même ; chaque chrétien, enfin, doit éviter que la vérité ne soit, à cause de lui, méconnue ou blasphémée, et travailler, au contraire, à la faire connaître, à la faire aimer, à la faire honorer de tous, dans sa personne et par son exemple.

Pasteurs et fidèles de toutes les communions, c'est là notre tâche, à tous, et notre devoir comme chrétiens. C'est par là que nous pouvons et que nous devons servir, tout ensemble, l'Église de Jésus-Christ à laquelle nous faisons profession d'appartenir, et la société temporelle dont nous sommes membres. — Que diraient l'Église et le monde si nous méconnaissions ce grand devoir ? Comment pourrions-nous espérer de participer aux priviléges promis à l'Église, si nous ne lui appartenions que de nom ; si la vérité, dont le ministère lui a été confié, nous laissait, nous-mêmes, indifférents et étrangers à son influence ? — Et le monde, lui-même, que dirait-il ? — Que dirait-il si les disciples prétendus de la vérité ne se montraient en rien supérieurs à ceux de l'erreur et du mensonge ? Si les chrétiens n'étaient ni meilleurs ni pires que les mondains ? S'ils n'étaient pas moins qu'eux avides des choses de la terre, et dédaigneux de celles du ciel ? S'ils n'étaient ni moins remplis de convoitises jalouses, ni moins dévorés d'ambition et d'orgueil, ni moins égoïstes, en un mot, et moins corrompus ? — Encore une fois, que dirait le monde lui-même, et qu'aurait-il le droit de dire, non pas à la honte de la religion, mais à la nôtre, si ce n'est que cette religion est inutile, que ses symboles et ses formes ne couvrent rien de réel, et ne sont qu'une habitude comme une autre, avec le mensonge et l'hypocrisie de plus?

Oui, le monde dirait cela, et il ne l'a dit que trop souvent quand les chrétiens lui ont donné, au lieu des exemples de foi et de vertu qu'il en attendait, le scandale de leur indifférence, de leurs divisions, de leurs querelles, de toutes leurs mauvaises passions. Et il n'est que trop disposé à le dire encore aujourd'hui. Aujourd'hui que toutes les idées bonnes ou mauvaises sont citées à comparaître au grand jour, aujourd'hui que la nuée lumineuse qui guidait au désert l'ancien Israël a perdu son ombre protectrice pour ne plus garder que sa lumière, aujourd'hui que les choses dites jadis à l'oreille se crient par dessus les toits et sur les places publiques, aujourd'hui le monde n'est que trop disposé à juger une vérité d'après la vie de ceux qui la professent, et le christianisme d'après les chrétiens. Malheur, non pas au christianisme qui n'a rien à redouter de ces jugements, mais aux chrétiens qui leur servent d'occasion ou de prétexte ! Malheur, en tout temps, à ceux par qui ou pour qui la vérité se trouve méconnue ou blasphémée.

Disciples de Christ qui faites profession de croire à la vérité, priez Dieu de vous préserver d'un pareil malheur. Priez-le de vous sanctifier vous-mêmes par cette vérité souveraine, afin que vous soyez ainsi véritablement un levain régénérateur pour toute cette masse qui fermente autour de vous, afin que vous deveniez aussi, dans le monde, les témoins de Jésus-Christ, les représentants de son Église, les instruments bénis de son règne dans les âmes. Au milieu de cette mêlée confuse où s'agitent les intérêts périssables qui passionnent tous les esprits et tous les cœurs, c'est à vous de faire

intervenir, par votre exemple, les intérêts
éternels qui mettent la paix dans les âmes ! —
Au milieu de la lutte presque universelle qui
semble plus que jamais partager le monde, et
qui le rejette alternativement d'un extrême à
un autre extrême, c'est à vous de montrer combien cette lutte est impie, fatale tout ensemble
au repos et au progrès ; c'est à vous de concilier
les deux tendances rivales qu'on oppose imprudemment l'une à l'autre, en jetant, pour
ainsi dire, entre elles, le pont d'une foi ferme
et vivante ; en montrant, par votre exemple,
qu'on peut être, à la fois, l'héritier fidèle et
l'économe intelligent de l'héritage de ses pères,
à la fois croyant et raisonnable, soumis et
libre, ami de l'ordre et ami du progrès, citoyen
utile du monde présent, et citoyen anticipé du
monde à venir ; c'est à vous de vous élever au-
dessus de toutes les dissensions anciennes ou
modernes qui affligent le monde et qui contris-
tent l'Eglise, en tendant une main fraternelle

à tous ceux « qui aiment et qui cherchent le
Seigneur d'un cœur pur. » C'est à vous, enfin,
de montrer au monde, par vos paroles et par
vos œuvres, que l'Évangile est encore aujour-
d'hui, après dix-huit cents ans, cette vérité
toujours ancienne et toujours nouvelle qui répond à tous les besoins de la société, comme
à toutes les aspirations des âmes, qui peut
suffire à leurs progrès futurs, comme elle a
suffi à leurs progrès passés, aussi longtemps
que durera la nature humaine elle-même, et
qui, après avoir fait traverser à l'humanité
toutes les phases terrestres de son développement, doit l'introduire un jour transformée et
glorifiée dans la « cité permanente de Dieu, »
dans la céleste et éternelle Jérusalem !

XI

DESTINÉE FINALE DE L'HUMANITÉ

DESTINÉE FINALE DE L'HUMANITÉ.

—◦—

> Nous n'avons point ici-bas de cité per-
> manente, mais nous cherchons celle qui
> est à venir.
>
> (HÉBREUX XIII, 14.)

En examinant, l'un après l'autre, les divers éléments qui constituent la société humaine, nous avons reconnu qu'ils devaient tous concourir au développement de la vie morale dans tous les membres de ce grand corps, et que ce développement était, par une réaction nécessaire, l'instrument indispensable de tout le progrès social. Une question reste à examiner, pour terminer cette étude, et peut-être s'est-elle déjà présentée à votre esprit. Quel sera le terme définitif de tout le travail individuel et de toutes

les transformations sociales? Quelle est l'espérance légitime à laquelle nous pouvons, dès à
présent, vouer notre foi et nos sympathies?
Quelle est la fin dernière est suprême vers laquelle s'avance, ici-bas, l'humanité?——Il nous
importe de le savoir, car notre bonheur à tous
est engagé dans cette grande question...

Vous savez comment l'Évangile l'a tranchée.
Sans décourager nos espérances terrestres en
ce qu'elles ont de légitime, il a dit nettement :
« Que son royaume n'est pas de ce monde, que
nous n'avons point ici-bas de cité permanente,
mais que nous cherchons celle qui est à venir.»

Les hommes, dans leur impatience, ont
trouvé, de tout temps, cet avenir trop lointain
et cette promesse trop lente. Ils ont demandé
et ils demandent encore à la terre cette plénitude de vie sans laquelle il n'est pas de parfait
bonheur, et ils ne s'aperçoivent pas que la
promesse de l'Évangile est, de beaucoup, la
plus sûre, même pour le bonheur actuel. C'est

ce que j'espère vous faire sentir aujourd'hui. J'espère vous montrer que tout, dans notre condition terrestre, telle que la meilleure des sociétés pourrait nous la faire, proclame encore hautement son insuffisance pour répondre aux aspirations de notre âme, et met en pleine évidence le besoin que nous avons de cette cité permanente promise par l'Évangile à nos inquiets désirs.

La société, par les relations nombreuses et variées qu'elle crée entre les hommes, fournit à leur nature morale l'occasion et l'aliment nécessaires à son développement ; mais elle ne change pas cette nature, dont le fond reste le même, à tous les degrés de la civilisation et dans les conditions sociales les plus diverses. Elle est donc le moyen et non pas le but ; elle ne saurait avoir sa fin dernière en elle-même, puisqu'elle ne vit réellement que dans les individus qui la composent, et elle ne peut, par conséquent, à plus forte raison, nous donner le dernier mot de leur destinée. Ce qu’on peut raisonnablement attendre d’elle, c’est qu’elle leur procure à tous une part toujours plus large et toujours plus équitablement répartie de l’aliment spirituel qui les fait vivre. C’est en cela surtout que consiste, pour elle, et le progrès accompli, et celui qui doit s’accomplir encore. Mais, que ce progrès, si grand qu’il soit, puisse jamais suffire à tous les besoins des âmes et leur assurer cette plénitude de vie qui est l’objet de leurs éternelles aspirations, voilà ce que la raison ni l’expérience ne justifient, voilà ce qu’il serait imprudent et même dangereux d’espérer.

Et d’abord, l’expérience est décisive, à cet égard, au moins jusqu’à notre temps, et elle a été, ce semble, assez longue pour autoriser une conclusion. Depuis cinq ou six mille ans qu’il y a des sociétés humaines sur la terre, aucune d’elles n’a réalisé, même imparfaitement, cette plénitude de vie et de bonheur qu’on leur demande. Il s'en faut tellement, que l'histoire entière de l'humanité, pendant tout cet intervalle, n'a été, pour ainsi dire, qu'une longue plainte, un cri confus de voix innombrables qui s'accordent pour appeler la terre une vallée de larmes. Et partout, en effet, on voit des larmes, des misères universelles, des douleurs sans trêve et sans fin. Comment concilier un pareil résultat avec le but supposé? Comment croire que la destinée humaine soit renfermée tout entière dans cette vie sociale si imparfaite et si tourmentée? Un seul être humain dont la destinée aurait été ainsi manquée, sans qu'il y eût de réparation possible, serait une accusation contre la sagesse de Dieu et contre le gouvernement de sa Providence. Que serait-ce donc quand il s'agirait de millions d'êtres semblables qui auraient vécu en vain, ou plutôt qui n'auraient véritablement pas vécu, si la vie humaine se trouvait tout entière dans ces produits informes de la société extérieure? Élargissez,

tant qu'il vous plaira, le cercle et la portée des
progrès que l'avenir nous réserve ; représentez-vous, si vous le voulez, après bien des
siècles de travaux, une dernière génération
humaine arrivant à la jouissance paisible des
biens qui lui auront été préparés par ses innombrables devancières ; donnez même à cette génération fortunée l'immortalité terrestre sans
laquelle tout son bonheur, bientôt évanoui,
laisserait reparaître toutes les contradictions ;
quand vous auriez fait tout cela, quand tout
cela serait possible sans la destruction et le re-
nouvellement de la nature humaine elle-même,
il resterait toujours cette inexplicable, cette
désolante contradiction, que des millions innombrables d'êtres humains, faisant aussi partie
intégrante de l'humanité, aient été immolés au
bonheur des derniers venus, sans avoir eux-
mêmes vécu leur vie d'homme, et ce serait
assez pour accuser la Providence divine, ou
plutôt l'erreur de ceux qui voudraient renfer-

mer toute son action dans le drame fugitif des sociétés d'ici-bas.

Mais, pour bien comprendre tout ce que ce témoignage de l'expérience a de décisif, et, pour qu'on ne puisse pas même en appeler à je ne sais quelle autre expérience qui n'a pas encore été faite, il faut pénétrer plus avant dans la question et l'examiner en elle-même dans ses rapports avec la nature des choses, c'est-à-dire avec celle de l'homme et de la société.

Une société parfaite suppose nécessairement des hommes parfaits, soit qu'elle les ait rendus tels, soit qu'elle ait, elle-même, reçu d'eux sa propre perfection ; car il importe peu, pour le résultat, qu'on prenne ici ou là le point de dé-part de cette mutuelle influence. Or, la perfec-tion de l'homme, ou, ce qui revient au même, la plénitude de sa vie et de son bonheur con-siste essentiellement en deux choses : d'une part, dans le développement complet de toutes ses forces ; de l'autre, dans leur équilibre harmonieux et dans le bon emploi qu'il en fait. Supprimez l'une ou l'autre de ces deux conditions, la vie de l'homme reste ou incomplète ou désordonnée, et, dans un cas comme dans l'autre, quelque chose manque nécessairement à son bonheur. Ces deux conditions peuvent-elles être remplies dès ici-bas et dans la société terrestre? Voilà, désormais, toute la question.

Et d'abord, l'homme peut-il trouver ici-bas ce développement complet de toutes ses forces morales, sans lequel il restera toujours une lacune dans sa vie, et un désir inassouvi dans son âme? Peut-il y trouver le complet apaisement de son esprit et de son cœur, ces deux foyers de toute force et de toute vie vraiment humaines?

Personne, aujourd'hui surtout, ne contestera les droits de la pensée à un développement et à une satisfaction dont elle ne peut se passer désormais. Personne ne contestera qu'elle ne

constitue un des traits distinctifs et caractéris-
tiques de l'humanité, un des besoins les plus
réels et les plus profonds de notre nature, une
de nos jouissances les plus vives, les plus
pures, les plus fécondes pour le bonheur. Or,
ce besoin peut-il être pleinement satisfait sur
la terre? L'esprit humain pourra-t-il jamais s'y
rassasier à souhait de cette vérité dont il est
avide, et qui est son aliment naturel? Cet aliment y deviendra-t-il jamais assez abondant
pour servir de pain quotidien à toutes les intelligences, et assez nourrissant pour les faire
vivre de toute leur vie? N'y aura-t-il pas toujours une multitude d'intelligences qui, par
une conséquence naturelle de l'organisation
sociale elle-même, de la division du travail,
des nécessités de la vie matérielle, ou de toute
autre circonstance, ne participeront qu'imparfaitement à ce bienfait, si elles n'en sont pas
déshéritées? N'y aura-t-il pas toujours, à défaut
de celles-là, des millions d'autres intelligences

qui seront moissonnées dans leur fleur, avant
d'avoir pu porter leur fruit, et tous ces talents
ainsi enfouis, toutes ces richesses stérilisées,
toutes ces semences spirituelles jetées, en pure
perte, sur une terre inféconde qui ne les aura
pas gardées, toutes ces destinées évidemment
manquées ici-bas, tout cela ne sera-t-il pas une
éternelle protestation contre la fin terrestre à
laquelle on voudrait tout faire aboutir? Et,
quand vous ne tiendriez pas compte d'une telle
contradiction, quand vous considéreriez l'esprit humain dans l'élite de ses représentants,
ne sera-t-il pas toujours vrai que son ambition
s'accroît avec ses conquêtes, « que l'œil n'est
jamais rassasié de voir, ni l'oreille d'ouïr, » et
que ceux qui savent le plus sont précisément
ceux chez qui la soif de connaître est le plus
inassouvie? Citez-moi une intelligence privilé-
giée entre toutes les intelligences, qui ne se
soit heurtée douloureusement contre les limites
naturelles opposées ici-bas à tous nos efforts.

Citez-moi un savant parmi les plus savants, à qui
le temps n'ait manqué pour apprendre tout ce
qu'il voulait savoir, et que la mort n'ait sur-
pris à l'improviste, au milieu de recherches
inachevées et de projets inexécutés? Ah ! quand
vous feriez de cette élite la condition commune
de tous les hommes, quand vous vous repré-
senteriez l'humanité entière en pleine possession de son domaine terrestre et de tous les
mystères qu'il renferme, vous n'auriez pas
encore apaisé son activité inquiète. Vous la
verriez pleurer, comme un autre Alexandre,
de ce qu'il ne lui reste plus rien à conquérir ;
ou plutôt, vous la verriez se débattre encore
contre toutes les barrières qu'on lui oppose, et
proclamer ainsi l'insuffisance d'un monde qui
ne peut ni satisfaire les besoins de son esprit,
ni en contenir l'essor.

Il en est du cœur comme de l'esprit. Dieu a
mis dans le cœur de l'homme le besoin d'aimer
et d'être aimé, le besoin d'unir son âme à

d'autres âmes, sœurs de la sienne, par le saint
échange d'une mutuelle affection. En même
temps, il a pourvu à ce besoin, comme à tous
les autres, en nous rapprochant de nos semblables, en nous unissant à eux par de nombreux liens, par de douces sympathies, par de
précieux attachements, et c'est à travers le
milieu social que nous arrive ce bienfait, qui
est comme le sel de la terre. Mais ce sel précieux a-t-il ici-bas toute sa saveur, et n'y est-
elle mêlée d'aucune amertume? Approchez et
regardez de près. — Je ne parle pas de ceux
qui ont été déçus dans leurs affections les
meilleures, et qui n'ont trouvé que l'indifférence au lieu de la sympathie, l'ingratitude au
lieu de la reconnaissance, l'inconstance au lieu
de la fidélité; — je ne parle pas de ces êtres
assez malheureux pour n'avoir jamais connu
l'inexprimable douceur d'une affection parta-
gée; et cependant tous les perfectionnements
de la société n'empêcheront jamais qu'il n'y en

ait beaucoup de ceux-là ; la société n'aura jamais de compensation à offrir à ces cœurs aimants, à ces âmes sensibles et tendres, qui n'ont pas trouvé à s'épancher, et qui renferment tristement en elles-mêmes les restes souffrants et peut-être desséchés d'une sensibilité méconnue. — Mais laissons tout ce qui aurait encore l'apparence d'une exception, et prenons au hasard une vie d'homme, telle que la société la plus parfaite peut la faire.

Élevé sous les yeux d'un père et d'une mère, entouré de frères, de sœurs, d'amis, compagnons joyeux des beaux jours de son enfance et de sa jeunesse, il a contracté, de bonne heure, cette douce habitude d'aimer et d'être aimé qui est la pente naturelle de son cœur, et il a joui de tout cela sans penser même à la possibilité de le perdre. Mais l'heure arrive où ces affections si douces vont lui faire sentir aussi leur amertume. La première dans laquelle il est frappé, du moins suivant l'ordre ordinaire de la nature, est celle qui était née avec lui, celle qu'il éprouvait pour les auteurs de sa vie, pour ceux qui ont été auprès de lui les représentants visibles de la Providence. Que de douleurs dans cette première douleur! que le jour où il voit coucher dans le cercueil la mère qui a guidé ses premiers pas, le père qui a protégé sa jeunesse, que ce jour lugubre laissera de terribles traces dans son cœur et dans sa vie! De ce jour sa sécurité a disparu et le premier coup de hache est porté à la racine de ses affections. De ce jour la maison paternelle change d'aspect. Le premier lien qui attachait les uns aux autres tous les membres de la famille se relâche peu à peu, si quelquefois il ne se brise. Les frères, les sœurs, les compagnons du jeune âge se séparent, s'éloignent, se dispersent chacun dans sa voie. De nouveaux liens se forment, il est vrai, pour remplacer les premiers; mais chaque lien rompu laisse au cœur une cicatrice qui, pour ne pas saigner toujours, n'en est pas moins toujours douloureuse et que chaque blessure nouvelle viendra rouvrir. Époux et père à son tour, avec de nouvelles joies de nouvelles épreuves l'attendent. Il peut être frappé dans ce compagnon nouveau qu'il s'était choisi pour la vie et qui l'y laissera seul. Il peut être frappé dans ses enfants. Il peut être appelé à fermer les yeux de ces êtres si chers que la Providence semblait destiner à fermer les siens. Il peut sentir se resserrer, à mesure qu'il avance, le cercle de ses attachements, et son cœur se replier, à chaque fois, plus tristement sur lui-même; il peut voir se briser un à un tous les appuis qu'il s'était faits et achever ainsi, dans la solitude du cœur, une vieillesse douloureuse et inconsolée. — Ce n'est pas là, vous le savez, un tableau fait à plaisir, c'est la vie commune. Ce peut être la vôtre; ce peut être la mienne; ou plutôt, notre vie à tous est déjà un commencement de celle-là, et, tous les progrès

présents ou futurs de la société n'y changeront
rien, à moins de supposer, ce qui serait absurde,
qu'ils ne changent aussi de fond en comble la
nature humaine elle-même. — Je me trompe;
ils y changeront quelque chose; mais ce chan-
gement consistera précisément dans un accroissement universel de la sensibilité et, par
conséquent aussi, de la capacité de souffrir.
Plus seront parfaites les relations entre les
hommes, plus seront larges et profondes nos
sympathies, et plus aussi seront douloureux
les inévitables déchirements qui en résultent.
L'homme le plus parfait sera celui qui souffrira
le plus, car il subira le contre-coup de toutes
les douleurs de ses semblables, car toutes les
larmes de l'humanité seront, en quelque sorte,
recueillies et ramassées dans son propre cœur.
J'en atteste un exemple unique mais décisif,
j'en atteste celui que l'Écriture appelle « le
prince des justes, et qui précisément parce
qu'il a été le seul juste et le seul saint, préci-

sément parce qu'il a aimé d'un amour infini et parfait, a porté, lui seul, le poids de toutes les douleurs humaines et crie encore, du haut de sa croix, à tous ceux qui veulent devenir ses disciples, à tous ceux qui veulent aimer comme lui : « Si quelqu'un veut venir après moi, qu'il renonce à lui-même, qu'il charge sa croix et qu'il me suive! » Tant il est vrai que la vie du cœur se développe ici-bas dans la souffrance, en sorte que si la destinée de ce pauvre cœur était renfermée tout entière dans le cercle de la vie présente, il se trouverait placé dans cette cruelle alternative contradictoire des deux côtés à sa nature non moins que mortelle à son bonheur, ou de se dessécher et de s'appauvrir misérablement dans un stérile égoïsme, ou de s'exposer, par l'expansion de ses instincts les plus généreux, à d'inévitables souffrances qui ne trouveraient nulle part ni un remède ni une réparation.

Mais si la société terrestre ne suffit pas au

développement des forces morales de l'homme, c'est-à-dire des facultés de son esprit et de son cœur, suffira-t-elle mieux à leur harmonieux équilibre, plus précieux encore, peut-être, et plus nécessaire? — Je pourrais vous dire d'abord que cette seconde condition est intimement liée à la première. Considérez, en effet, ce qui se passe dans l'univers matériel. D'où lui vient son équilibre inaltérable et son ordre majestueux, si ce n'est de la mutuelle pondération de toutes les forces, dont pas une n'est perdue ni comprimée dans son développement? — Il en est de même, quoique avec d'autres éléments, dans le monde moral. Là aussi l'ordre, soit dans l'individu, soit dans la société, n'est pas autre chose que la pondération réciproque de toutes les forces vivantes dont il nécessite, par conséquent, le libre essor, avec d'autant plus de raison, que l'équilibre, pour être réel, doit être ici volontaire, et c'est pourquoi il prend le nom de justice.

Or, pour vouloir ce qui est juste, il faut d'abord connaître ce qui est vrai et aimer ce qui est aimable, et tel est le sens de cet admirable passage, où saint Paul, dont le regard profond a illuminé toutes les questions morales sur lesquelles il s'est arrêté, nous donne la vérité et la charité pour guides, en attendant cette unité de la foi, qui n'est qu'un autre nom de la justice et qui n'est pas encore réalisée.

Mais, sans me prévaloir de cette considération et sans insister sur le sens réel et complet qu'il faut attacher au mot de justice, il me suffit de le prendre dans le sens vulgaire que lui a toujours donné la conscience universelle, pour vous montrer que ce glorieux besoin de notre nature n'est pas mieux satisfait ici-bas que tous les autres.

Évidemment, il ne l'a pas été dans le passé. Quand il n'y aurait eu qu'une seule iniquité irréparée et irréparable sur la terre; quand il n'y aurait eu qu'un seul crime sans châtiment ou une seule vertu sans récompense, ce serait assez pour révolter tout notre être, et pour nous faire appeler, de toute notre âme, une future et éclatante réparation. — Et combien d'iniquités semblables dans la longue histoire du genre humain ! Combien de crimes restés impunis ou dont le châtiment, échappant au regard des hommes, n'a pas satisfait leur justice ! Combien de haines, de persécutions, de violences supportées innocemment ! Combien d'opprimés qui ont pleuré, qui ont souffert, qui ont péri, quoiqu'ils eussent pour eux le droit et la vérité ! Aujourd'hui encore, combien d'iniquités qui, pour être moins visibles et moins criantes, n'en font pas moins souffrir leurs victimes ! Combien d'infortunés qui gémissent et qui gémiront, peut-être, toute leur vie, sous l'injuste oppression d'un préjugé, d'une calomnie, d'une erreur des hommes, ou de tout autre malheur irréparable et immérité ! — Ce n'est pas tout. — Cette justice, dont l'absence froisse douloureusement notre âme, ce n'est pas seulement au monde qu'elle manque ; c'est à nous, c'est à notre cœur, c'est dans notre vie. Là aussi nous aurions besoin de la sentir souveraine, sous peine de n'y pas trouver la paix, ni l'approbation de nous-mêmes, ni, par conséquent, le bonheur. Mais qui peut se rendre ce témoignage ? Qui peut se donner cette pleine approbation ? Qui n'a pas à se répéter, chaque jour, ces énergiques paroles de l'apôtre : « Je ne fais pas le bien que j'aime, et je fais le mal que je hais ? » Qui n'a pas reconnu, par sa propre expérience, que la vie humaine est, à cet égard, comme à beaucoup d'autres, « un train de guerre perpétuel, » et le cœur humain un champ de bataille où mille passions désordonnées se font mutuellement la guerre en la faisant, toutes ensemble, à la conscience et à la raison ? — Or tout cela peut-il changer et disparaître, comme par enchantement, au souffle de je ne sais quelle influence extérieure ?

Y a-t-il un progrès, y a-t-il une science, y a-t-il un miracle qui puisse extirper du cœur de l'homme toutes les racines de l'égoïsme et du péché, et mettre fin, sur la terre, à cette lutte intérieure ? — Il faudrait être bien aveugle, il faudrait connaître bien peu le monde et soi-même pour l'espérer sérieusement. — Sans doute il faut soutenir la lutte jusqu'au bout. Sans doute il faut « se revêtir de toutes les armes de Dieu pour combattre ce bon combat, » pour avancer, sur la terre, en commençant par son propre cœur, le règne de la justice. Mais il faut faire cela, sachez-le bien, en portant plus haut ses regards et ses espérances, si on ne veut pas s'exposer à sentir bientôt ses regards troublés et ses espérances découragées, si on ne veut pas compromettre cette cause même de la justice qu'on est jaloux de servir. Car en cela aussi, pour n'avoir voulu marcher que par la vue on risque d'ébranler les plus simples notions et les premiers fondements de la foi. En ne considérant la justice que dans ses rapports immédiats avec le bonheur actuel on risque de couvrir, sous ce nom sacré, les illusions les plus étranges et les plus funestes. C'est pour avoir voulu établir sur la terre l'unité absolue de la foi, promise seulement pour le ciel, que le sang chrétien a coulé plus d'une fois sous des mains chrétiennes, et ce triste spectacle pourrait se renouveler plus d'une fois encore, et par la même cause, quoique sous des noms divers. — Mais ce qu'on risque certainement, dans tous les cas, c'est de tomber dans un découragement qui est bien près de l'infidélité, quand il n'est pas l'infidélité elle-même. Lorsqu'on a donné ainsi au règne de la justice une forme toute terrestre, cette forme, en se brisant comme il arrive infailliblement tôt ou tard, laisse la conscience sans point d'appui. Ainsi s'expliquent de grands égarements et de grandes chutes. Ainsi finirent, d'une manière bien peu digne de leur renommée, deux des plus grands caractères de l'antiquité, deux illustres partisans de la morale la plus austère et la plus pure que la philosophie païenne ait professée. Attachés l'un à l'autre à une cause qui fut perdue, ils se tuèrent l'un et l'autre de désespoir, et l'un d'eux laissa, dit-on, échapper, en expirant, cette parole désolante qui, même dans la bouche d'un païen, était un blasphême : O vertu, tu n'es donc qu'un nom ! — Combien d'exemples semblables ne pourrait-on pas citer, même parmi les chrétiens, quand ils ont trop subordonné au monde présent leurs espérances les meilleures ! Combien de chrétiens qui auraient pu s'appliquer, en ce sens, ces paroles d'un grand capitaine, à son lit de mort : « Si j'avais servi le roi du ciel avec la même fidélité que j'ai portée dans le service du roi de la terre, je serais plus tranquille que je ne le suis maintenant ! » — Mais à quoi bon chercher de grands exemples d'une expérience qui n'est que trop universelle ? Ne l'avons-nous pas tous éprouvé, en quelque mesure, ce découragement qui gagne les cœurs les plus fermes, quand l'idée qu'ils s'étaient faite de la justice ne se réalise point à leur gré, quand la cause terrestre qu'ils avaient confondue avec elle leur semble perdue ? Ne l'avons-nous pas éprouvé quand les glaces de l'âge ont refroidi notre imagination, quand notre cœur, désenchanté par des déceptions multipliées, s'est retrouvé face à face avec les tristes réalités de la vie ? N'avons-nous pas senti, alors, notre foi s'ébranler ? N'avons-nous pas cru voir la terre livrée à l'empire absolu du mal ? N'avons-nous pas comme désespéré de la justice elle-même ? Et n'est-ce pas la preuve évidente du péril qu'il y a pour elle, ou plutôt pour nous, à vouloir enfermer toutes ces aspirations de notre âme, dans l'horizon terrestre qu'elles débordent, malgré noûs, de toutes parts ?

J'en atteste tous ces besoins trompés, toutes ces espérances déçues, toutes ces leçons d'une expérience qui dure depuis six mille ans. J'en atteste cet essor de tout notre être, que nous sommes également impuissants à contenir et à satisfaire. — Nous ne sommes point, ici-bas, dans la cité permanente. La terre, si belle qu'elle soit, ne peut suffire à notre âme, ni la société, si grande que vous la fassiez, renfermer toute notre destinée. Il faut croire au progrès, sans doute; il faut même y travailler chacun selon son pouvoir. A Dieu ne plaise que je veuille étouffer, dans leur germe, aucune des nos généreuses espérances; car j'ai, moi aussi, des vœux et des sympathies pour tous les progrès, pour toutes les gloires, pour toutes les félicités terrestres du genre humain. Mais vous vous abusez étrangement quand vous placez là tout votre trésor, toute votre foi, tout votre cœur. Vous demandez à la terre ce qu'elle ne peut donner à personne. Vous oubliez que nos lumières seront toujours incomplètes; notre lutte contre le mal toujours douloureuse; notre mort toujours horrible à voir comme à sentir. Vous oubliez que ce qu'il faut, avant tout, à l'humanité, ce qu'il faut à votre âme et à toutes les âmes, c'est une consolation éternelle, c'est une cité véritablement permanente !

Et vous qui l'avez trouvée cette espérance consolatrice, mais qui craignez peut-être de la voir s'amoindrir et disparaître au milieu du mouvement extérieur des sociétés, au milieu du bruit que font, en tombant ou en se heurtant, toutes les choses humaines, rassurez-vous; il y aura toujours place, dans ce monde, pour les pensées d'un monde meilleur. Elle trouvera toujours un écho dans les âmes, la voix divine qui a dit : « Vous connaissez maintenant en partie, et vous voyez comme à travers un verre obscur; mais, un jour, vous verrez face à face, et vous connaîtrez comme vous avez été connus. Heureux ceux qui pleurent, car ils seront consolés ! Heureux ceux qui ont faim et soif de la justice, car ils seront rassasiés ! » Oui, elles disparaîtront un jour ces contradictions qui nous étonnent et nous confondent, et les obscurités qui ne nous laissent voir ici-bas que le bord

des voies divines, feront place à l'éternelle et
pure lumière que nous puiserons directement
à sa source divine, à son foyer vivifiant. —
Elles seront un jour essuyées, toutes les larmes
dont nous cherchons ici-bas l'explication avec
tant d'angoisse; mères, vous ne pleurerez plus
vos enfants; enfants, vous ne pleurerez plus vos
mères. Tous les cœurs séparés seront réunis;
tous les liens rompus seront renoués; toutes les
saintes affections seront rajeunies et ravivées.
— Elles seront réparées, un jour, toutes les
iniquités de ce monde qui faisaient murmurer
la conscience; la lutte douloureuse dont notre
âme était le théâtre finira par notre délivrance
de tout mal, dans ces nouveaux cieux et dans
cette nouvelle terre où habitera la justice, et ce
sera pour jamais; ce sera la cité permanente;
ce sera l'Éternité !

Immortelle et sainte espérance, objet des plus
généreux élancements de la conscience, du
cœur et de la pensée, du sein de cette terre
où tout meurt, je te salue ! Tu n'es pas encore

le jour, mais tu es l'aurore qui l'annonce ; tu n'es pas le bonheur encore, mais tu en es la promesse et l'avant-goût. Béni soit, à jamais, le nom de celui qui t'a révélée à mon âme, et puissent toutes les âmes le bénir également après avoir accueilli son divin message ! Puissent tous les habitants de ce monde qui passe, et où ils ne sont eux-mêmes que des voyageurs, s'encourager mutuellement dans l'accomplissement de leur tâche commune, en se disant les uns aux autres, comme l'apôtre bien-aimé : « Frères, encore un peu de temps, et celui qui doit venir viendra ; » encore un peu de travail, encore un peu de fatigue, et nous aurons toute l'Éternité pour nous reposer, toute l'Éternité pour être heureux !

FIN.

TABLE DES MATIÈRES.

FIN DE LA TABLE.